하브루타
아기 놀이

처음 시작하는
유대인 교육법

하브루타
아기 놀이

오희은 지음

Ⴎ 유아이북스

최고의 가르침은
아이에게 웃는 법을
가르치는 것이다.

– 프리드리히 니체

지금부터 시작입니다

"미안해하지 마세요."
"지금부터 시작하세요."

모든 초보 엄마들에게 전하고 싶은 말입니다. 태교를 하지 못했던 엄마들은 아이가 태어나면 너무 미안해하고 안타까워합니다. 시기를 놓쳤다며 죄책감을 가지기도 합니다. 그러나 태교는 물에 들어가기 전의 준비 운동 단계입니다. 준비 운동을 하면 놀라지 않고 무리 없이 수영을 할 수 있지만, 준비 운동 없이 들어갔다고 해서 수영을 못 하지는 않습니다. 임산부라고 해도 출산 전까지 일을 하기도 하고, 태교의 방법을 몰라서 준비 운동 없이 육아와 마주할 수 있습니다. 하지만 결코 지나간 시간을 미안해하거나 죄책감을 가질 필요가 없습니다. 지금부터 아기와 함께 놀이를 배우고 출발하면 되니까요.

어떻게 시작하면 될까요? 세상에는 다양한 육아 서적과 놀이법이 나와 있습니다. 방법은 다양하지만 그 기본 원리는 모두 같습니다. 아기를 존재 자체로 귀하게 키우는 것, 사랑받는 존재로 느끼게 해 주는 것입니다. 제가 전하고자 하는 육아 하브루타 역시 이 철학을 바탕으로 하고 있습니다. 다양한 놀이가 있지만, 이 책에는 책과 그림카드, 간단한 교구를 이용한 놀이를 담았습니다. 책과 그림카드 놀이가 초보 엄마와 이제 막 성장을 시작한 아이들에게 도움이 되길 바라는 마음이지요.

　이 책에는 다양한 엄마들의 이야기가 등장합니다. 원활한 놀이를 위해 애썼지만 뜻대로 따라 주지 않는 아기의 반응에 좌절하는 경우도 있지요. 하지만 지나고 보면 그 좌절 덕분에 방법을 찾고, 그 좌절 덕분에 성장하게 됩니다. 불편하고 서툴렀던 순간들 모두가 엄마를 성장하게 하는 가치 있는 순간들이었습니다.

　수영을 유연하게 하기 위해서 서툰 발차기부터 연습이 필요합니다. 물에 익숙해지는 데에는 많은 시간이 걸리니, 일단은 초보가 할 수 있을 만큼의 발길질을 해야지요. 아이와 엄마도 마찬가지입니다. 함께 놀이를 하는 시간이 서툴더라도 익숙해질 때까지 연습해야 합니다. 이렇게 늘 지치는 육아지만, 너무도 사랑스런 아이와 함께 유연하게 뻗어 나가는 그날을 오늘도 꿈꿉니다.

　이 책이 휴식이 필요한 엄마에겐 쉼이 되고, 다시 힘을 내어야 하는 엄마에겐 응원이 되었으면 합니다. 처음 내 아이를 만났을 때의 감동을 떠올리며 아기와 놀이를 시작해 보기를 바랍니다. 뱃속에서 처음 심장 소리를 들었던 그때, 쭈글쭈글하고 퉁퉁 부은 얼굴로 처음 만났던 그때. 그리고 지금이 또 다른 처음입니다. 함께해 주셔서 고맙습니다.

2021년 12월, 오희은 드림

3장 놀이 하브루타, 어떻게 할까?

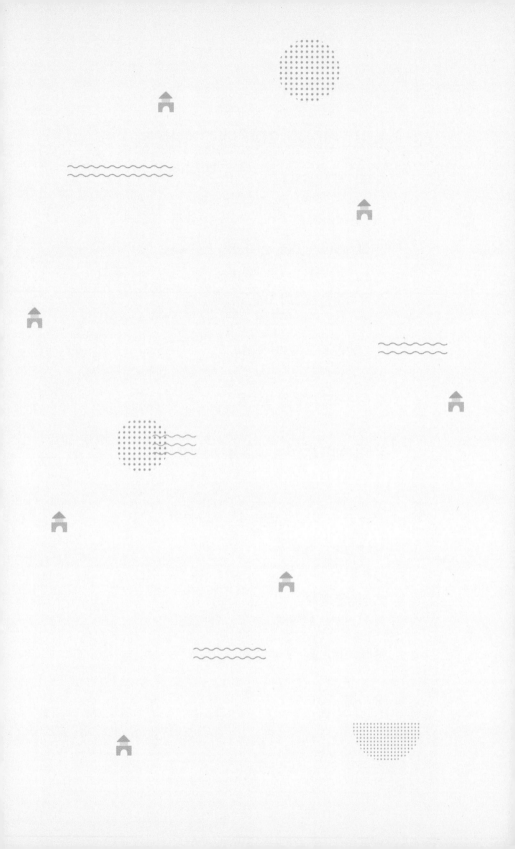

1장

좌충우돌
육아 일상

1. 초보 엄마, 기대에 부풀다

의욕 과다 태교의 시작

'0세에 가까울 때일수록 가능성이 무한합니다.'

'유전보다는 어릴 때 환경의 영향이 더 중요합니다.'

첫 아이를 임신하고 머리에 새겨 넣게 된 문장들입니다. 게다가 엄마가 조금 부족해도, 임신했을 때 좋은 환경을 제공하면 아기가 똑똑해진다는 말에 솔깃했습니다. 저는 똑똑하지 않지만 저의 아이가 똑똑해질 수 있다는 생각에 한껏 욕심을 부리기 시작했습니다.

여러분은 '똑똑하다'는 의미가 무엇이라고 생각하시나요? 저는 어릴 때 공부를 잘하는 친구들을 보면서 "와! 똑똑하다. 왜 저렇게 똑똑하지? 머리가 좋다"라는 말을 하였습니다. 학창 시절에는 '똑똑하다'라는 단어가 실제 의미와는 달리 '공부를 잘한다'는 의미로 정의되었지요. 그래서 임신한 저로서는 제 아이가 공부를 좀 잘했으면 하는 마음이 있었나 봅니다. 아무래도 대한민국 교육에서 살아남기 위해서는 학업 성적을 생각하지 않을 수 없었을 겁니다. 그리고 임신과 동시에 아이와 일심동체가 되는 현상이 나타났습니다. 아이가 똑똑하면 저의 인생도 똑똑해질 거라는 착각을 했지요.

똑똑하다는 말의 사전적 의미는 '사리에 밝고 총명하다'입니다. '공부를 잘한다'와 참 느낌이 다르지요. 똑똑함에 대한 해석이 달랐으니, 태교의 방향도 방법도 달라질 수 밖에 없었습니다.

저는 의욕을 과도하게 충전하고, 뱃속의 아이를 똑똑하게 만들기 위한 태교를 참으로 열심히 했습니다. 그때는 그게 아기를 위한 것이라 생각했습니다. 아기가 똑똑해지는 태교법에만 온통 마음이 가 있었고, 그렇게 하기 위한 일에 힘이 빠지는 일은 없었습니다. 의지는 늘 불타올랐습니다.

참으로 유난스러운 방법을 골라가며 힘을 가득 실은 태교를 했습니다. 초음파 사진을 찍으러 가는 날이면 '쿵쿵쿵' 쉴 새 없이 뛰어대는 심장 소리를 듣고 와서 아기에게 이야기를 들려주듯 태교 일기를 적었습니다. 꼬물꼬물 움직이는 뱃속의 너를 초음파로 본 날은 감동으로 넘쳤다고 적었지요. 게다가 그 태교 일기를 가만 놔두지 않고 코팅하여 책으로도 만들었습니다. 요즘에는 스마트한 태교 일기도 많지만, 15년 전의 저는 스마트하지 않았던 태교 일기책에 힘을 가득 실어 넣었습니다.

아기가 태어나면 덮고 잘 이불을 손수 만들기도 했습니다. 이불을 만들고 나면 완성된 이불의 사진을 찍어서 일기장에 붙여 두었지요. 엄마가 손가락을 많이 움직여 주면 태아의 머리가 좋아진다는 말을 듣고는 펠트도 열심히 했습니다. 펠트로 아기 장난감도 만들고, 사진도 찍으며 저의 '열심히'는 멈추지 않았습니다. 아이가 똑똑해진다는 생각에 사로잡혀, 그 과정에 힘이 들고 짜증이 밀려와도 모두 아기를 위한 일이라 생각하며 참았습니다. 만약 되돌아갈 수 있다면, 그 소중한 시간을 그리 보내지는 않을 겁니다. 심장 소리에 벅찼던 감동을 오롯이 느끼고, 아기의 건강함에 감사하고 행복한 마음만 챙겨도 되었는데 말이죠. 물론 아기 용품도 완성 후에는 언제나 기쁨과 희열에 찼지만, 그 과정을 그다지 즐기지는 못했던 것이 지금도 마음에 남습니다.

이 길이 맞는 걸까?

드디어 만났습니다. 그렇게 태교에 극성을 부린 아기가 태어난 것입니다. 이제 엄마는 '원 플러스 원'으로 출동합니다. 혼자서 다니던 수업도 태어난 아기와 함께 다니기 시작했습니다. 아이를 들쳐업고 놀이 교육 센터를 방문했습니다.

'어머나, 놀이에 이렇게 집중하다니! 정말 태교를 잘했나 봐.'

아기가 놀이에 집중하며 노는 모습을 보니, 정말 태교를 잘한 것 같아 스스로가 흐뭇하고 뿌듯하며 자랑스럽기까지 했습니다. 마치 영재를 낳은 것 같았습니다. 어느새 저도 놀이에 빠져들기 시작했고, 아기와 집에서 보내는 일상이 든든했습니다. 오늘은 어떤 놀이를 하면서 아기와 하루를 보낼지 고민하고, 놀이 수업에서 배운 놀이를 응용하며 0세 교육을 실천하는 시간을 보냈습니다.

아마 15개월 쯤이었던 것 같습니다. 첫째 아이의 앞에 그림카드를 펼쳐 놓고 "아르마딜로 어디 있어?"라고 물었습니다. 그러면 아이는 많은 동물 그림카드 중에 아르마딜로를 찾아서 가져왔습니다. "빨간 색이 어디 있지?" 하고 색깔을 물어보면 아이는 색깔도 척척 알아맞혔지요. 정말로 똑똑한 게 틀림없었습니다.

첫 아이의 태교와 육아에 확신을 얻은 저는 태교의 중요성을 전하기 위해 태교 및 아기 놀이 선생님이 되었습니다. 저의 힘을 가득 실은 태교법은 많은 사람들에게 공감을 얻었습니다. 지역 내에서 꽤 많은 엄마와 아기들이 참여하며 함께 태교와 육아를 해 나갔습니다. 하지만 태교와 육아를 거친 아이들이 자라고 저도 자라면서 어딘가 이상이 있음을 느끼기 시작했습니다.

'이렇게 육아를 야무지게 잘했는데 왜 아기도 엄마도 더 힘들어지기만 할까?'

'그렇게 극성을 부렸더니 아기는 똑똑한 것 같은데, 엄마는 왜 점점 더 미궁으로 빠질까?'

엄마들도 힘든 건 마찬가지입니다.

"아니, 내가 너한테 들인 노력이 얼만데."

"나 정도면 괜찮은 엄마인데."

"내가 이렇게까지 했는데….”

현실의 아기는 너무 까칠하고 예민했거든요. 아기들끼리 서로 어울려 지내지도 못했습니다. 집중을 그리 외쳤건만 집중은 왜 그리 못하는 건지, 엄마들도 울고 저도 울고 싶어졌습니다. 그러는 사이에 막상 우리 아이에게도 신경을 쓰지 못했고, 저 자신도 괴로운 시간을 보냈습니다.

무엇이 문제였을까요?

힘 빼기의 중요성

영유아 시기는 어떤 시기일까요? 엄마도 초보이며 아기도 이 세상을 처음 맞는 시기입니다. 날아다니던 민들레 씨앗이 땅에 떨어지는 시기지요. 이 시기의 땅은 부드러워야 합니다. 땅이 딱딱하게 얼어 있으면 씨앗이 땅속으로 들어가 뿌리를 내리기 어렵습니다. 하지만 부드러운 땅은 씨앗을 품고 세상에 뿌리를 내리도록 도와줍니다. 엄마는 땅입니다. 엄마가 경직되어 있으면 아기도 성장하기 어렵습니다. 엄마가 부드럽게 품어 줄 수 있어야 아이가 세상에 편안하게 뿌리를 내릴 수 있습니다. 그렇다면 어떻게 부드러워질 수 있을까요?

예전에는 대가족이다 보니 어르신들도 주변에 많고, 유경험자들의 조언으로 육아에 힘을 덜 수 있었습니다. 그러나 지금은 핵가족이 보편적인 시대로, 남편과 오롯이 둘이서만 자녀를 기르다 보니 초보인 엄마는 육아가 어렵고 도움받을 곳이 마땅하지 않습니다. 처음에는 모르기 때문에 경직되고, 잘해야 한다는 생각으로 몸과 마음에 힘이 들어갑니다. 넘쳐나는 정보 속에 어느 것이 맞는지도 모르겠고 마음은 더 조급해집니다. '독박 육아'라는 말이 생겨날 정도로 엄마는 혼자서 낯선 육아 상황에 놓이게 됩니다. 이런 가운데 여유롭고 부드러운 엄마의 마음을 갖기는 어렵지요.

처음이라 그것은 당연한 일입니다. 그래서 엄마가 부드러워지기 위해서는 태교에도 육아에도 좋은 배움이 필요합니다. 처음부터 잘하는 사람은 아무도 없습니다. 학교에서는 육아를 가르쳐 주지도 않습니다. 체계화된 태교와 육아를 위한 교육이 사회적으로, 국가적으로, 또 제도적으로도 필요한 시점입니다.

첫 아이가 네 살쯤일 때였습니다. 아이가 통글자를 제법 읽었습니다. 아기 때부터 '사물 인지'를 가르치기 위해 가지고 있던 그림카드로 매일 반복해서 놀다 보니 글자 읽기가 가능해진 것입니다. 그때는 우리 아이가 천재인 줄 알았습니다. '이때 더 가르쳐야 해'라고 생각하던 때, 마침 방문 학습지 선생님을 길에서 만나게 되었습니다. 한글 학습지 신청을 했고, 아이는 매주 주어지는 학습지를 스펀지 물 빨아들이듯 잘 해냈습니다. 세 달 정도 진행했을 무렵에는 'ㄱ', 'ㄴ'과 같은 자음, 모음을 배우기 시작했습니다.

하지만 네 살 난 아이가 자음, 모음을 이해하기는 무리였던 걸까요? 엄마와 함께하며 기분 좋게 받아들였던 한글 놀이와 달리, 자음과 모음에는 더이상 흥미를 갖지 않았습니다. 그때 알았습니다. '엄마가 욕심을 앞세워 무분별하게 가르치면 안 되는구나' 하고 말이에요. 저는 글자를 알면 똑똑함의 선두 주자가 되는 줄 알았던 엄마였습니다. 저의 아이들은 경직된 땅에 비비며 자라가고 있었습니다.

똑똑하게 키우기 위해 유아 영재 공부를 시키는 것이 맞는 걸까요? 똑똑해지는 공부를 하는 것이 행복해지는 길일까요? 책도 읽고 나름대로 공부를 하면서 육아를 한 것 같은데, 무엇이 문제였길래 아이도 힘들고 엄마도 힘든 과정을 거쳤을까요?

이는 아이가 아니라 엄마인 저의 문제였습니다. 아이를 똑똑하게 남부럽지 않게 키우고 싶다는 강한 욕심이 제 몸과 마음에 힘이 들어가도록 만들었던 것입니다. 다른 아이들처럼 '번듯하게', '똑똑하게' 키우려는 마음이 너무 강해서, 어쩌면 아이는 세상에 스스로 뿌리내리기가 어려웠을지도 모릅니다. 게다가 저는 육아를 많이 도와주지 않은 남편을 원망하며 아이를 키웠습니다. 나름대로 최선을 다하는 육아였지만, 가끔씩 아이는 저의 감정받이가 되곤 했습니다. 말 못하는 어린아이와 보내는 일상에서 많은 감정에 부딪혔고, 몇 번이고 마음을 다잡아도 서툰 저의 감정이 아이와 저를 학대했습니다. 이쁜 내 아이가 자라는 시간이 행복함 대신 고통으로 다가왔습니다. 그때는 어떻게 육아를 하면 행복해지는지 알지 못했습니다.

지금에서야 돌이켜 보니, 그 시간 속의 스스로가 안쓰럽습니다. 나의 젊은 시절이자 내 아이의 어린 엄마 시절은 육아에 찌들어 있었지요. '나'를 돌보지 못한 채, 힘든 육아에 자신을 처박아 둔 시절이 아깝습니다. 또한 너무 이쁘고 사랑스러운 두 딸이 그때는 길러야 하고, 먹여야 하고, 가르쳐야만 하는 책임감의 대상이었던 것이 무엇보다 안타깝습니다.

육아에 있어서 우선적으로 중요한 것은 엄마의 마음입니다. 아이에게 말을 가르치고 숫자를 가르치는 것이 중요한 것이 아니었습니다. 기쁘고, 슬프고, 즐겁고, 설레고, 시시각각 변하는 날씨처럼 우리의 마음도 시시각각 변화합니다. 그것을 그대로 인식하고 받아들이며 어떻게 잘 조절하는지를 엄마인 내가 아이에게 보여 주었어야 합니다. 그러한 배움을 익혔어야 했습니다. 엄마의 마음을 부드럽게 만들어야 했습니다. 힘은 뺀다고 빠지는 것이 아닙니다. 먼저 엄마의 감정을 따스하게 보듬어 줄 방법을 찾아서 그 핵심을 가지고 나아가야 합니다. 이 사실을 세월이 흐르고 나서야 알게 되었습니다. 여러분은 이 책을 통해 엄마 자신의 마음을 따스하게 보듬고, 힘을 빼는 방법을 잘 찾아가면 좋겠습니다.

2. 몸도 마음도 지친 그대

육아는 처음이라

"초록색 똥이네?"

첫 아이가 백일도 되지 않은 신생아 시절, 기저귀를 바꿔 주는데 초록색 변을 발견했습니다. 너무 놀라고 당황스러웠습니다.

모유 수유를 했기 때문에 '내가 무얼 잘못 먹었나?' 하는 생각이 들었습니다. 그리고 아기가 아픈 건 아닌지 걱정도 되었습니다. 어디에 물어봐야 할지 몰라 당황하던 저는 전국적으로 알려진 맘 카페에 글을 올렸습니다.

'아기가 초록색 변을 누었어요. 어떻게 하죠?'

정확한 설명을 들은 것은 아니지만, 선배 엄마들이 경험담을 댓글로 달아 주었고 '별일 아닌가 보다' 하고 지나갔습니다. 알고 보니, 신생아는 녹변을 눌 수 있는데 이는 장속에서 담즙 색소가 모유를 먹으면서 마신 공기나 가스와 뱃속에서 만나 변색이 되어 나오는 것이라고 합니다. 신생아에게는 흔히 일어나는 반응이었지만, 배운 적이 없는 초보 엄마는 초록색 변이 참 당황스러웠습니다. 이처럼 사소한 것은 그나마 해프닝으로 지나갈 수 있었지만, 초보 엄마여서 실수했던 일이 오래오래 후회로 남는 것도 있습니다. 저의 경우는 바로 첫 아이 배변을 너무 일찍 가리게 한 것이었습니다.

18개월 쯤이었습니다. 말을 제법 알아듣길래 예쁜 변기통을 사들이고 "이제는 여기서 쉬를 하는 거야"라고 몇 차례 가르쳐 주었습니다. 아이는 신기하게도 변을 가렸습니다. 변을 가리게 한 이유는 20개월 터울인 둘째가 곧 태어나기 때문이었습니다. 둘째가 기저귀를 하니 첫째는 당연히 기저귀를 떼는 것이라고 생각했습니다. 둘째가 태어나기 전에 첫째는 기저귀를 떼야 한다고 정해진 것도 아니고, 한 집에 한 명만 기저귀를 해야 한다는 법이 정해진 것도 아닌데… 첫째 아이에게 언니 역할을 강요하고 큰아이다움을 기대했습니다.

변을 일찍 가리게 하니 오히려 불편한 것 투성이였습니다. 기저귀를 하고 있으면 그 자리에서 바로 해결하면 되는데 아이가 시도 때도 없이 "쉬" 하고 말하니 정신없이 화장실로 아이를 안고 뛰어야 했습니다. 지나고 보니 이때부터 아이는 사랑의 결핍이 시작된 것입니다. 그때는 왜 기저귀에 인생을 걸었던 걸까요? 지금 생각해 보면 둘째가 품에 있었기 때문에 내 몸이 편하기 위해서 첫째 아이를 독립시키려고 한 것입니다. 고작 20개월인 아이를….

무엇이든 여유있게 기다려 주는 법이 없었습니다. 변기를 사들이고 혼자 변을 보는 것을 시작으로, 혼자서도 잘 사용할 수 있는 수저를 사들여 혼자서 밥 먹기를 강요하고, 유아 전집을 사들이고 혼자 책 보기를 강요했습니다. 바쁘고 정신 없었던 그때의 저는 상실감을 느끼는 아이를 보지 못했습니다. 몸은 고되고 마음은 힘드니 아이를 탓했지요. 서툰 엄마 탓에 힘든 육아였던 것을, 아이가 엄마를 힘들게 한다고 생각했습니다. 어리광을 뺏겨야 했던 첫 아이에게 지난 시절의 용서를 구하고 싶습니다.

어릴 때 소가 새끼를 낳는 것을 본 적 있습니다. 어미소가 고동 소리같은 큰 울림으로 고통에 포효하며 새끼를 출산했습니다. 갓 태어난 송아지는 내던져지다시피 지푸라기 더미 위에 떨어졌습니다. 그러고는 이내 그 자리에서 어기적거리며 혼자 일어나는 것이었습니다.

그 순간에 어미소는 그냥 몸을 웅크리고 엎드려 있었습니다. 이따금 송아지를 혀로 핥기는 했지만, 묵묵히 여물을 씹으며 네 다리를 모으고 꼿꼿이 앉아 있었습니다. 참 의연한 어미소의 모습이 생각납니다. 고통을 겪어도 흐트러짐 없는 능숙한 어미소의 모습은 서툴렀던 제 모습과 대조적입니다.

갓 출산한 어미소는 다 알고 있었을까요? 엄마 몸만 잘 추스르면 아이는 저리 혼자 잘 걸을 수 있다는 것을요. 내 몸만 추슬러도 되는데 왜 그리 아이를 잡고 세우려고 했을까요? 짚풀 더미보다 더 안전한 환경을 마련해 주었고, 아이를 너무나 사랑하는 엄마가 옆에 있는데 말이죠.

육아가 고될 때

아이를 재우며 함께 잠들면 좋겠지만, 일어나서 마무리 못한 집안일을 해야 했습니다. 아이가 함께 있을 때 누리지 못한 나의 시간도 보내야 합니다. 텔레비전도 보고 남편과 시간도 보내고 때로는 혼자만의 시간을 보내고 잠을 잡니다. 우리에게는 잠의 총량이라는 게 있지 않을까요? 늦게 잔 날은 늦게 일어나야 비로소 총량이 채워지는 것이라 생각합니다. 하지만 아쉽게도 잠의 총량은 늘 채우지 못합니다. 잠든 시간에 상관없이 아침이 되면 아이가 깨우기 때문입니다. 밤중에도 뒤척이는 아이 움직임을 감지하느라 숙면을 할 수 없습니다. 그렇게 충분히 자지도 못했는데 아침에는 왜 이리 일찍 깨는지…. 몸이 노곤한 엄마는 낮잠 시간을 기대해 보지만, 아이는 낮잠 잘 생각이 없습니다.

아이와 둘이 지내는 시간에는 화장실을 오픈형으로 사용해야 하는 것이 엄마의 삶입니다. 저의 프라이버시가 지켜지지 않은 지는 이미 오래 되었습니다. 인간의 생리적 현상도 자유롭지 못했습니다. 남편의 퇴근만 기다리고 있는데 남편이 늦는다고 합니다. 하루 두 끼는 어떻게든 해결해도, 세 끼를 아이와 둘이서 챙겨 먹으려고 하니 갑자기 서러움이 터집니다.
나의 하루하루를 생각하니 갑
자기 눈앞이 흐릿해집니
다. 너덜해진 라운드 티
셔츠 소매에 눈물을 닦
는데, 말라붙은 밥풀 때
문에 눈가에 스크래치가
납니다. 마음에도 스크래
치가 납니다. 엄마의 삶은 아
이로 인해 세상 누구보다 행복하다
가도 세상 누구보다 서럽기도 합니다.

　　이처럼 감정적으로 힘들 때도 있었지만, 아이와 어떻게 놀아 주
어야 할지 몰라 진땀을 뺄 때도 힘든 순간이었습니다.
　　"그래도 너는 유치원 선생님이었으니까 잘 놀아 줄 수 있잖아."
　　주변인들은 제가 유치원 선생님이었던 경험 덕분에 아이와도 더
욱 잘 놀아 줄 것이라 생각합니다. 하지만 결코 유리하지는 않습니
다. 유치원 선생님도 자신의 아이는 처음 키우기 때문입니다. 다른
엄마들과 마찬가지로 경험이 없는 엄마일 뿐입니다. 유치원 선생
님 시절에 대하던 큰 아이들에게서 얻은 경험은 오히려 갓난아이
를 이해하는 데 혼란만 주었습니다.
　　저는 놀이와 발달에 대해 관심이 높았던 엄마였기 때문에 하루하

루 재미있게 아이와 놀아 주고 싶었습니다. 그런데 아기가 뜻대로 따라 주지 않을 때도 있었고, 놀이 아이디어가 바닥날 때도 있었습니다. 놀 거리가 없어서 콩 딸랑이로 며칠째 놀며 제자리를 맴돌기도 했습니다.

저는 아이와의 놀이에 대해 갈증을 많이 느꼈습니다. 12개월 이전은 두뇌 발달과 성격 형성에 있어서 중요한 시기입니다. 그런데 제대로 된 놀이 없이 하루하루 흘려보내는 일상에 마음이 고되었습니다. 어느 날은 열정을 불태워 아이와 놀고, 어느 날은 피곤해서 그냥 넘어가고, 또 넘어가고… 지치는 날이 반복되곤 했습니다. 꾸준한 놀이의 중요성을 알고 있지만, 적절한 제공을 하지 못하고 있으니 마음은 불편했습니다. 너무 힘이 들어간 탓에 엄마는 고되기만 하였고, 따라 주지 않는 아이 반응에 더욱 힘들기만 했습니다.

나만 힘든 줄 알았어요

학부모 단체 메시지 방에 예나 엄마의 메시지가 올라왔습니다. 평소 단체 메시지 방은 전체 전달 사항 및 특별한 상황에 대한 안내를 위한 공간으로만 활용되었습니다. 그런데 이번 주는 예나 엄마의 메시지로 인해 단체방에 파동이 일었습니다.

'이번 주는 제 컨디션도 내내 안 좋았고 놀이도 제대로 못했

어요. 놀이가 점점 숙제처럼 느껴지는 것 같아요.'

평소와 다르게 답장이 연이어 올라왔습니다.

'공감합니다.'
'저도요.'
'다들 같은 어려움을 겪고 있는 것 같아요.'
'우리 아이만 그런 게 아니라서 위안이 되네요.'
'저만 그런 줄 알았어요.'

아이가 잡고 서면서 활동 영역도 넓어지고, 눈을 떼지 못하는 상황도 많아집니다. 게다가 엄마는 먹는 것부터 집안일까지 챙길 것이 많습니다. 점점 체력도 바닥나는데 놀이까지 챙기려니 숙제처럼 느껴지는 것이었습니다. 예나 엄마는 힘든 순간 나도 모르게 표현된 마음이 다른 엄마들과 똑같았다는 것을 알고, 위안과 힘을 얻었다고 했습니다. 동지애를 느꼈을 뿐 아니라, '내가 잘못된 엄마가 아니구나'하며 안심할 수도 있었다고 합니다.

아이와 보내는 일상은 멈추지 않는 수영처럼 힘이 듭니다. 물속의 헤엄이 유연하고 행복할 때도 있지만 시시때때로 지치기도 하지요. 육아를 하는 엄마들에게는 너무 지치고 힘들 때 잠시 물 밖에서 산소를 마시는 시간이 필요합니다. 산소를 마시는 시간과 방법은 사람마다 다르더라도, 장시간의 잠수는 누구에게나 똑같이 지치는 여정입니다. 예나 엄마는 그날 산소를 주입했습니다. 이후 예나의 일상을 알 수 있는 글을 읽었습니다.

  예나가 한 주 한 주 놀이에 집중하는 반응이 눈에 띄게 좋아지고 있어요. 그림카드를 달라고 떼쓰던 예나가 이제는 기다려 주고 집중하는 모습에 저도 점점 예나와의 놀이가 재미있어지고 있답니다. 처음 참여해 보는 새로운 놀이에도 적극적이고 흥미를 보였어요. 엄마와 함께 노는 게 재미있는지 제가 놀이하면서 제시하는 말도 다 알아들었어요. "곰돌이가 가방을 메게 도와줄까?"라고 물으면 가방 그림카드를 집어들어서 곰 인형에게 주고 스스로도 만족스러운지 물개 박수를 치네요. 예나가 놀이에서 즐거워하는 모습을 여러 번 보았어요. 예나가 행복해 보여 엄마도 행복했던 놀이 시간이었습니다.

  육아라는 것이 긴 시간을 보내는 일인 만큼 감정의 날씨 변화가 큽니다. 아이로 인해 기쁘고 화창한 날씨였다가도, 갑자기 화가 나거나 우울한 먹구름에 뒤덮이기도 합니다. 예나 엄마도 마찬가지였습니다. 밤중 수유에 만성 피로가 있었던 예나 엄마는 먹구름의 나날을 보내고 있었습니다. 그런데 그 먹구름을 걷히게 하는 방법을 찾은 것도 자신이었지요. 예나 엄마는 힘든 이유를 스스로 살펴보았다고 했습니다.

끝없는 집안일에 시달리던 예나 엄마는 몸이 지치고 힘드니 모든 것이 힘들다고 느끼고 있었습니다. 집안일만 덜어도 좋겠다 싶었지만 쉽지는 않았습니다. 그런데 마침 친정 어머니께서 집안일을 잠시 도와줄 수 있었습니다. 반찬 등 먹는 것에 도움을 조금만 받아도 예나 엄마에게는 큰 힘이 되었습니다.

　몸이 점점 회복되자 기운이 생기고, 예나가 눈에 들어오기 시작했습니다. 엄마에게 달라붙어서 이것저것 요구하는 모습을 보니, 엄마와 놀고 싶은 예나의 마음이 보이기 시작했습니다. 그래서 집안일은 조금 미뤄 두고 예나와 함께 놀았다고 합니다. 다시 에너지가 채워지고 아이가 즐거워하니 엄마의 마음에도 맑은 감정이 찾아들었습니다. 예나 엄마는 먹구름 감정을 다시 긍정적인 에너지로 바꾸게 된 과정을 이렇게 이야기해 주었습니다.

나의 힘든 마음을 공유할 수 있는 육아 동지가 있어서 도움이 되었어요. 그리고 별것 아닌 것 같아도 집안일 하나를 덜어 내는 것도 큰 도움이 되었어요. 좀 근본적인 부분이라 어렵기는 하지만, 내가 어떤 것이 힘든지 내 마음을 살펴보는 시간이 필요했어요. 내가 무엇 때문에 지치는지 알게 되니까 방법을 찾게 되더라고요. 얘기하다 보니 도와주는 사람도 생기고요. 무엇보다 내 마음이 돌아오니 아이와 함께하는 놀이가 더 즐거워졌어요. 아이와 같이 노는 시간에는 마음이 서로 통하는 느낌이 들어서 그게 제일 행복해요. 아이가 즐거우니 저도 즐겁고, 어쩌면 내가 즐거우니 아이가 즐거운 것 같기도 해요.

저는 아이를 키울 때 소통하는 엄마들이 없었다 보니 육아 고충을 함께 나누지 못했습니다. 어쩌면 그때 예나 엄마와 같은 육아 동지가 있었다면 큰 힘이 되었을 것 같습니다.

3. 엄마를 위한 체크 포인트

출발점을 찾아서

"선생님, 지우가 너무 늦게 놀이를 시작한 것 같아 아쉬워요."

지우는 6개월 아기입니다. 6개월 아기와 놀이를 하면서 너무 늦었다고 아쉬워하는 것은 또래인 건우의 영향이었습니다. 건우는 뱃속에 있던 시절에 소통법과 놀이법을 미리 배웠거든요. 태어나 4개월이 된 건우가 벌써 눈을 맞추고 놀이하는 모습을 보니, 지우 엄마 입장에서는 6개월이 상대적으로 늦은 시간처럼 느껴졌나 봅니다. 그런데 만약 6개월 아기가 늦은 것이라면, 6개월이 아닌 여섯 살은 어떻게 해야 할까요?

율이는 여섯 살입니다. 율이는 놀이 하브루타 수업에서 만난지 6주 정도 된 아이입니다. 처음 율이를 만났을 때 아이는 의사소통이 원활하지 못했습니다. "블럭 두 개를 쌓아서 높게 만들어 볼까?"라고 물으면 "그런데 말이에요, 엄마가 자동차 사 줬어요"라며 주제에 벗어난 말을 하였습니다. 어려우니 질문에 적절한 반응을 보이기 보다 회피하는 반응을 보였습니다. 어떻게 해야 할지 잘 모르는 순간에 놓이면 율이는 상황을 피하거나 놀이가 재미 없으니 그만하자는 반응이 빈번했습니다.

율이 엄마의 말에 의하면 율이는 고집을 부려서 원활한 의사소통이 안 되고 또래보다 발달이 늦어서 걱정된다고 했습니다. 그랬던 율이가 어느 날 이런 말을 하는 겁니다. "그런데 선생님, 이건 잘 모르겠어요. 도와주세요." 모르는 것을 회피하던 반응에서 직면하는 반응을 보이는 것에 놀랐습니다. 율이는 점점 자신의 마음과 상황에 대해 적절히 표현하고, 의사소통도 잘되는 아이로 변하는 중이었습니다. 사실 의사소통만 잘되면 아이는 어떤 색깔로든 잘 자랄 수 있다고 저는 믿고 있습니다. 의사소통 과정을 통해 상대의 말을 수용하고 이해하면서 잘 배워 나갈 수 있기 때문입니다.

또래보다 느린 발달로 고민했던 여섯 살 율이는 현재 또래 이상의 집중력과 창의적인 생각을 표현하는 아이로 자라가고 있습니다. 지금도 듣고 표현하는 게 재미있고, 배우는 것이 재미있어서 아침에 눈뜨면 "오늘 놀이하러 가는 날이에요?"라고 묻는다고 합니다. 아이에게서 즐기는 반응이 나오는 것은 참 긍정적인 신호입니다. 즐기는 율이를 보면 앞으로의 놀이도 즐겁게 받아들이고, 어려워도 부딪혀 보면서 이겨 나갈 것이라는 생각이 듭니다. 정말 여섯 살 율이의 출발이 6개월 지우의 출발에 비해 늦은 걸까요? 여섯 살에 시작하는 것은 의미가 없을까요?

사실 출발 시기는 중요하지 않습니다. 아이들의 성장은 '늦게 출발하면 1등을 놓치는 수영 대회'가 아닙니다. 등수를 매기는 대회가 아니라, 즐겁게 노니는 물놀이지요. 지금 앞에 물이 있다면 첨벙 뛰어들면 됩니다. 언제 출발했는지는 따질 필요가 없습니다. 처음에 수영을 잘하지 못해도 물에서 노는 법을 배우다 보면 자연히 실력이 늘어날 것입니다.

물을 보고 피하기만 하고 한 번도 뛰어들지 못하면 수영 실력은 나이가 들어도 늘지 않습니다. 처음하는 육아는 물속에서 호흡하는 것조차 벅찰 것입니다. 모든 것이 서툴지만 물속에서 열심히 발길질을 해 보면 아이도 엄마도 자라게 됩니다. 그러다 어려움을 만나면 지혜롭게 해결하는 '지혜의 근력'도 늘어날 것입니다. 누가 먼저 출발했느냐는 중요하지 않습니다. 아이와 함께 놀이의 물속에 뛰어들어 보세요. 마음껏 허우적대고 마음껏 물장구치면서 즐기길 바랍니다. 제일 빠른 시기는 지금입니다.

어떻게 놀아 줘야 할까?

아침에 일어나면 '오늘은 또 무얼 하고 보내야 하나?' 하는 고민과 함께 하루가 시작됩니다. 아이는 요즘 들어 이앓이를 해서 그런지 부쩍 짜증도 많아지고 물건을 집어 던지는 행동도 많이 보입니다. 책을 읽어 주지만 전달이 되는지 모르겠습니다. 엄마는 책을 읽어 주는데, 아이는 책을 잡고 흔들기만 합니다. 그리고 책에 관심이 없는지 다른 곳으로 기어가 버립니다. 이처럼 아이와 노는 것이 엄마에게는 매일 고민입니다.

오늘은 다행히 지난달에 등록해 두었던 문화 센터에 가는 날입니다. 지금이 두뇌가 폭발적으로 성장하는 중요한 시기라고 하는데 매일 무의미한 하루를 보내는 것 같아서 엄마는 내심 아이에게 미안했습니다. 오늘은 아이와 제대로 놀아 줄 수 있을 것 같아 기대가 됩니다. 매일 추리닝만 입던 엄마도 오늘은 샤랄라 원피스를 입어 봅니다. 아이 옷도 얼마 전에 선물 받은 새 옷을 꺼내 입혀 봅니다. 분유와 기저귀, 물티슈, 아기 과자… 또 빠뜨린 게 없나 생각해 봅니다. 이만하면 외출 준비를 잘 했습니다. 미세 먼지도 없어서 유모차를 밀고 운동 삼아 걸어서 문화 센터에 갑니다.

문화 센터에 도착했습니다. 다른 아기들과 엄마들이 많이 보이자 아이가 긴장을 합니다. 과자를 손에 한 개 쥐여 주고 안아 주니 조금 안심하는 것 같습니다. 수업실로 들어서고 음악 소리가 커지자 아이가 또 긴장을 합니다. 엄마 껌딱지가 되어 얼음 자세로 두리번거리기만 합니다. 문화 센터 선생님께서 준비해 온 놀잇감을 아이에게 주니 관심을 보입니다. 그런데 관심도 잠시, 옆에서 우는 아기에게 더 반응을 보입니다. 그렇게 한참 아이가 우는 것을 지켜보더니 다시 놀잇감에 반응을 보입니다. 귀여운 아이의 모습을 사진으로 여러 컷 담습니다. 아이의 첫 문화 센터 수업을 마쳤습니다.

옆자리의 엄마와 이야기를 하다 보니, 옆의 아기는 벌써 물건을 잡고 일어선다고 합니다. 넘어질까 싶어 한시도 눈을 뗄 수 없어 불안하다고 하지만 어쩐지 자랑으로 느껴집니다. 우리 아이는 아직 서지 못하는 게 살짝 걱정이 되기도 합니다. 그 엄마에게서 들은 정보에 의하면 요즘 새로 시작한 방문 수업이 너무 좋았다고 합니다. 엄마는 정리가 엄두가 안나서 사용하지 못하는 재료를 선생님이 가져와서 아이와 놀아 주니 촉감 자극도 되고 좋다고 합니다. 좋은 정보도 얻고 기분 전환도 하는 하루였습니다.

다음 날이 되면 또 오늘은 뭐하고 놀지가 고민입니다. 그런데 아이는 어제보다 더 활발해집니다. 기어다니는 횟수도 늘고 소리를 지르는 강도도 세어집니다. 우는 것도 자지러지게 울고, 하루가 다르게 아이는 몸도 커지고 소리도 커지고 행동도 커집니다. 엄마는 점점 힘들어져갑니다.

어느 날 SNS를 보는데 조리원 동기인 엄마가 아이의 영상을 올렸습니다. 우리 아이와 같은 개월 수인데도 얌전히 앉아서 엄마가 읽어 주는 책을 보고 있는 아이가 보입니다. 영상 속의 엄마는 참 좋은 엄마 같아 보입니다. 아이와 어쩜 저렇게 침착하게 놀아 주고, 아이도 엄마가 보여 주는 놀이에 집중을 잘하는지 우리 아이와는 너무 다릅니다. 급히 전화를 걸어 봅니다. 한참의 통화로 알게 된 정보는 그 엄마도 놀이를 배우고 있다는 것이었습니다. 아이는 놀아 달라는 눈빛을 보내는데, 엄마는 어떻게 놀아 줘야 할지 막막했다고 합니다. 나와 똑같은 심정입니다. 처음엔 서툴렀는데 같이 놀이하는 엄마들과 이야기도 나누고, 개월 수에 맞는 놀이법도 매주 제공 받는 게 도움이 된다고 합니다.

그렇게 서빈이는 놀이 하브루타를 시작하게 되었습니다. 비단 서빈이 엄마만의 이야기가 아닙니다. 육아에 정성을 들이는 엄마들은 아이와 매일 어떻게 놀아 줘야 할지 고민하고, 노력과 실천도 하며 애를 씁니다. 그런데 놀이도 매번 일회용이고 엄마는 꾸준히 하지 못하는 어려움이 있습니다. 문화 센터를 희망 삼아 다니지만, 교육이라기보다는 바람을 쐬러 가는 정도입니다. 문화 센터에 오래 다닌 엄마들의 이야기를 들어 보면 아이는 오히려 어러 명의 아이들 속에 있는 것을 불안해하는 것 같다고 합니다. 놀이를 배우기 보다는 울고 보채는 다른 아기들의 반응을 더 잘 배우는 것 같다고 말이지요. 서빈이에게는 문화 센터 수업이 해결점이 아니었습니다.

12개월 이전의 아이는 자신이 보고, 듣고, 만지는 감각 자극을 통해 세상을 알아갑니다. 눈으로 본 것들, 들어 본 소리들, 만져 보고 먹어 본 것들이 쌓여서 아이만의 지식 체계가 만들어지고 정서가 자리 잡습니다. 이 과정이 자유롭고 여유로웠으면 합니다. 문화 센터에 모든 발달을 맡기기엔 한계가 있습니다. 잠시 즐겁게 놀고 일회성으로 마치는 방문 선생님의 수업도 절대적인 영향을 주지 않습니다. 아이는 생각보다 많은 것을 애쓰지 않아도 잘 자랍니다.

해충을 잘 잡아 주고 쓰러지지 않게 기둥을 세워 주기만 하면 벼가 쌀알을 맺어 내는 것처럼, 아이 또한 부정적인 요소만 잘 제거해 주어도 됩니다. 엄마가 조금만 도와주면 자기 내면의 힘으로 잘 자랍니다. 일상의 24시간을 놀이로 채워야 한다는 강박을 스스로 풀어내기 바랍니다. 매번 아이와 그럴듯한 놀이를 해 주지 못하는 데 미안해하며 아이가 심심하지 않도록 애를 쓰지 않아도 됩니다.

일부 엄마들은 아이가 심심한 것을 못 참는다고 하는데, 어쩌면 못 참는 건 엄마인지도 모릅니다. 아이에게는 뒹굴뒹굴 뒹구는 경험도 필요합니다. 아무것이나 만지고 부수면서 일상에서 일어나는 다양한 현상을 경험하는 것이 더 건강하게 자라는 길입니다. 아이에게는 마음대로 놀고 뒹굴거릴 자유가 있습니다. 이 자유로운 놀이로 아이의 마음이 채워져야 합니다. 앞서 언급한 부드러운 흙에 씨앗이 내려앉듯, 자유로운 놀이는 아이의 부드러운 토양입니다. 자유로움이 충족된 일상이야말로 건강합니다. 그러나 이 자유로움이 모범적인 엄마에게는 좀 괴로울지도 모릅니다. 우당탕 부서지는 소리도 들리고, 아이가 엎어 놓은 화장품이 바닥을 미끄덩거리게 만들기도 할 테니까요. 아이는 그러면서 새로운 경험을 하나 더 얻고, 한 뼘 더 자라고 있는 중입니다.

다섯 살 승훈이의 이야기를 들어 보면 자유로운 놀이가 어떻게 부드러운 토양을 만드는지 알아차릴 수 있을 것입니다. 지능 검사를 하면서 만난 승훈이는 상위 0.1퍼센트의 높은 지능 지수가 나온 아이였습니다. 놀라운 일은 아닙니다. 지능 지수의 숫자가 아이의 모든 것을 말해 주는 것은 아니니까요. 승훈이의 놀라운 점은 지능 지수보다도 '안정감'이었습니다. 승훈이는 처음 접한 환경에서도 엄마와 떨어져 1시간 30분을 즐겁게 검사에 임했습니다. 엄마와의 대화에서도 자신의 생각을 분명하게 전달했고, 엄마는 아이의 말을 잘 수용하여 상호 작용이 잘되는 모자 관계였습니다. 그뿐 아니라 승훈이는 놀이를 하는 모습에서도 안정되어 있었습니다. 승훈이 엄마와의 대화를 통해 승훈이의 어린 시절 이야기를 들을 수 있었습니다.

승훈이와 뒹굴뒹굴 많이 놀았어요. 놀아 줄 게 없어서 책만 읽어 주고, 책두 관심 없으면 나가서 꽃을 보고 개미도 보고 놀았어요. 승훈이는 작은 개미가 움직이는 게 신기한지 한참을 보고 있었어요. 그러면 저도 그 옆에서 한참 동안 개미를 다 보고 집에 들어갔어요. 집에 들어와서 자연 관찰 책을 보며 개미를 집어내는 통에 책이 너덜너덜해지기도 했어요. 저는 지겨웠지만 몇 번이고 개미 책을 함께 보았던 것 같아요.

승훈이 엄마의 말에서 느껴지는 것이 있지요? 아이와의 일상이 여유롭고 자유롭습니다. 아이의 마음을 따라가는 자유가 있습니다. 승훈이는 자신의 호기심을 충분히 충족해 주는 엄마가 있었던 덕에 마음에 안정감이 자리잡았을 것이라 짐작됩니다.

잘 키우고 싶어요

서아는 2.4킬로그램으로 태어났습니다. 뱃속에서 10개월을 채우지 못한 것이 늘 미안한 이른둥이 서아 엄마입니다. 게다가 미숙아로 태어났기 때문에 건강하게 잘 자랄 수 있을지 늘 염려가 되었습니다. 혹시 또래보다 발달이 뒤처지지는 않을까, 발달에 부재를 남기지는 않을까 걱정하는 마음이 컸습니다. 서아 엄마는 어떻게 하면 아이의 몸무게를 늘릴지, 어떻게 균형있게 영양을 맞출지 늘 고민했습니다. 다른 아기들이 자라는 정상적인 속도에 뒤처지지 않게 키우고 싶은 마음입니다.

소연이 엄마는 영아 발달 백과에서 '세 살 이전이 머리가 만들어지는 중요한 시기'라는 정보를 접했습니다. 그래서 아이에게 중요한 이 시기를 놓치지 않고 두뇌 그릇과 역량을 키워 주고 싶다는 마음이 들었습니다.

유리 엄마의 지인 중에는 머리가 참 좋은 사람이 있다고 합니다. 금수저가 아님에도 타고난 머리로 자격 시험도 붙고, 좋은 직장에 다니며 돈을 많이 벌어서 부러운 지인이라고 합니다. 유리 엄마는 비록 자신은 평범하지만 유리는 좋은 발달을 거쳐 명석한 두뇌로 편하게 살았으면 좋겠다고 말했습니다.

시우 엄마는 어렸을 적 집에서 공부를 너무 시키지 않았다고 합니다. 자신은 조금 압박을 주면 더 잘하는 스타일인데, 엄마는 늘 일찍 자라고 하고 학원도 보내지 않았다고 합니다. 가끔 엄마가 자신의 잠재력을 좀 더 키워 주었다면 지금보다 더 나은 삶을 살지 않을까 하는 생각이 든다고 합니다. 그래서 시우는 잠재력을 잘 이끌어 내 주고 싶다고 합니다.

이처럼 각각 이유는 다르지만 결국 아이를 잘 키우고 싶은 게 엄마의 마음입니다. 그런데 '잘 키운다'는 기준이 무엇일까요?

똑똑하게 자라는 게 잘 키우는 것일까요?

건강하게만 자라는 게 잘 키우는 기준일까요?

좋은 학교에 들어가면 잘 키운 걸까요?

똑똑하지만 친구들과 잘 어울리지 못하는 아이, 건강하게 잘 뛰어놀지만 너무 산만해서 가만히 있는 것이 힘든 아이, 좋은 대학에 들어갔지만 적성에 맞지 않아 학교 다니는 게 곤욕인 아이…. 아이를 잘 키우는 것이 정말 어렵습니다. 도무지 모르겠습니다. 육아에서는 잘 키우고 싶은 마음이 강할수록 아이가 엄마의 바람과 멀어지는 상황이 종종 나타납니다. 아낀다고 해서 너무 힘주어 쥐면 여린 달걀이 깨져 버리는 것과 같습니다.

엄마는 아이가 선생님 말에 귀를 쫑긋하고 흐트러짐 없이 집중하기를 바랍니다. 하나도 놓치지 않고 말이죠. 하지만 엄마의 욕심이 강하면 강할수록 아이의 집중력은 오히려 떨어지고 엄마와의 놀이를 피해 달아납니다. 글자를 빨리 깨우쳤으면 해서 글자를 잘 배우도록 가르치면 글자를 더욱 싫어하게 됩니다.

이와는 반대인 아이 중 이준이와 지우가 떠오릅니다. 이준이는 흔히 엄마들이 바라는 이상적인 아이입니다. 배움을 즐기고 아는 것도 많습니다. 글자며 수학적 지식도 초등학교 수준입니다. 얼마 전 지능 검사에서도 상위 수준이 나왔습니다. 이준이는 다섯 살쯤 되었을 때, 스스로 한글을 깨우치고 혼자 책도 읽어 냈습니다. 게다가 인성도 어찌나 바른지 인사는 기본적으로 챙기고 상대의 마음까지 돌보는 일곱 살 아이입니다. 친구들도 배려심 많은 이준이를 좋아합니다.

18개월인 지우는 눈뜨면 놀이 책상으로 달려가는 아이입니다. 자신의 의자를 차지하고 앉아서 엄마를 보며 그림카드를 들고 놀아 달라는 시늉을 합니다. 책을 갖고 와서 엄마에게 읽어 달라고 신호를 보내기도 합니다. 이준이와 지우처럼 '참 잘 커가고 있구나' 하는 생각이 드는 아이들에게서는 공통점을 발견할 수 있습니다. 바로 엄마의 태도입니다. 이준이와 지우 엄마는 아이에게 바라는 것이 없습니다. 무언가 잘 하기를 요구하지도 않습니다. 육아가 쉽지만은 않지만, 여유가 있습니다. 아이에게 부담을 주거나 바라는 게 없기 때문에 하루의 흐름이 자연스럽고, 아이와 사랑을 나누는 것 또한 여유롭습니다. 마땅한 놀이가 없으면 책을 읽어 주고, 노래를 불러 주거나 산책을 나갑니다. 엄마가 좀 피곤하다 싶으면 게으름도 많이 피웁니다. 여유 없이 힘만 주었던 육아의 형태와는 달리, 여유로운 이준이와 지우 엄마의 육아법을 발견하고는 감탄했습니다.

만약 저도 시간을 되돌아가서 우리 아이의 육아를 다시 할 수 있다면, 이준이 엄마와 지우 엄마처럼 여유 있는 엄마가 되고 싶습니다. 여유를 가진 채 아이를 바라보고, 느긋하게 아이의 성장 속도에 맞추어 가고 싶습니다. 달걀을 세게 쥐지 않을 것입니다. 옆에서 잘 지켜봐 주고 따뜻하게 품어 줄 것입니다. 따뜻하게만 품어 주면 스스로 알을 깨고 나올 텐데, 저 역시 그 알이 빨리 부화할 수 있도록 극성을 부렸습니다. 여유있게 아이를 기다려 주는 것이 어렵기만 했습니다.

아이는 믿는 대로 큰다고 합니다. 사랑스럽고 건강하게 잘 자랄 것이라는 믿음이 아이를 영글게 합니다. 아이를 잘 키우고 싶은 욕심이 강할수록 알을 강하게 움켜잡게 됩니다. 알이 잘 자라가고 있다는 믿음에 온기를 더해야 합니다. 기다려 주는 엄마가 되있으면 좋겠습니다. 아이를 향한 믿음의 온기만으로도 아이는 부화를 해 낼 것입니다.

놀이 하브루타를 만나다
지혜 엄마

나도 모르게 어느 순간 엄마가 되어있었다. 교육관은 나름대로 세웠던 것 같다. 그런데 영유아 시기를 간과했다. 나는 정보에 민감한 엄마도 아니고, 하루하루 아이 돌보기에 바쁜 초보 엄마일 뿐이다. 아이와 놀이를 늘 하는 건 아니지만 놀이를 하는 그 순간만큼은 집중하도록 노력했다.

놀이 수업에서 매주 만나는 엄마들과의 시간도 내겐 즐거운 기다림이었다. 아이마다 발달 속도가 다르니 다양한 반응이 흥미로웠고, 시기마다 다른 아이들의 특성도 배워나갈 수 있었다. 놀이를 점검하고 다시 놀다 보면 확실히 이전과는 다른 반응을 보였다. 함께 아이와 노는 엄마들과의 소통도 좋았다. 엄마들의 생각도 다 달랐기에, 미처 내가 생각지 못했던 놀이 방식을 지혜에게 적용할 수 있는 것도 도움이 되었다.

아이와 놀이를 함께한 후로 엄마와 아이 둘 다 성장하고 있는 것이 확실하다. 일상에서 많은 변화가 생기기 시작했다. 가장 큰 변화는 최대한 소리가 나는 장난감은 멀리하고 책에 친숙한 환경이 조성된 것이다. 예전에는 지혜에게 책을 읽어 줘도 집중을 하지 못했는데, 놀이를 하면서 책 종류에 대한 호불호가 생길 만큼 책에 관심을 가지게 되었다.

주로 하는 놀이는 그림카드 놀이인데, 매주 배우는 놀이 외에도 엄마 스스로 생각하고 응용하여 놀아 주고 있다. 일반적으로는 그림카드를 보여 주고 설명하는 것이 끝이지만, 놀이 하브루타에서는 그림카드를 충분히 보여 준 후 그림의 느낌을 전달하는 것이 핵심이다. 보여 주는 것 외에도 다양한 방법으로 느낌을 전달할 수 있어서 그림카드 놀이는 지혜의 반응이 좋다.

되돌아보면 처음 아이와 놀이를 시작했을 때, 지혜는 그림카드를 잡으려고 하고 나는 못 잡게 하기 바빴다. 그러다 보니 흥미를 잃어버리기 일쑤였는데, 이제는 차근히 앉아서 진지하게 본다. 대단한 놀잇감도 아니고 흔히 접할 수 있는 재료들을 다양한 놀이에 이용해 아이의 흥미를 유도한다. 이처럼 놀이에 집중하게 된 것이 아이와의 시간에서 가장 의미있는 부분이다.

또한 놀이 하브루타를 통해 엄마의 일방적 놀이가 아닌 엄마와 아기가 '상호 작용'하는 방법을 배울 수 있었다. 아이와 교감이 되는 것이 가장 신기하다. 아이와 눈을 마주치고, 아이의 움직임을 관찰하고 기록하면서 아이의 발달을 느낄 수 있는 것도 좋은 점이다. 불과 3개월 전만 해도 아이와 어떻게 놀아야 할지 막막했는데, 이제는 아이와 제대로 노는 방법을 알 것 같다. 지혜와 놀이를 하는 시간도 점점 길어지고, 아이 스스로 집중하는 모습도 늘고 있다. 지혜의 성장이 신기할 따름이다.

처음 놀이 하브루타를 배울 때가 생각난다. "우리 아이만 잘 기르면 그만일까요? 우리 아이가 좋은 친구들을 만날 수 있도록 함께 육아해요"라는 말이 인상 깊었다. 우리 지혜만 잘 자라는 것이 아니라 지혜가 건강한 아이들과 어울려 살아 갔으면 좋겠다. 언젠가 엄마의 영향에서 점점 벗어나는 시기가 올 것이다. 그때는 좋은 친구의 영향을 받아 그 친구와 더불어 행복하게 자라 갔으면 좋겠다. 우리 지혜의 이야기가 더 좋은 친구를 만날 수 있는 데 도움이 되었으면 하는 바람이다.

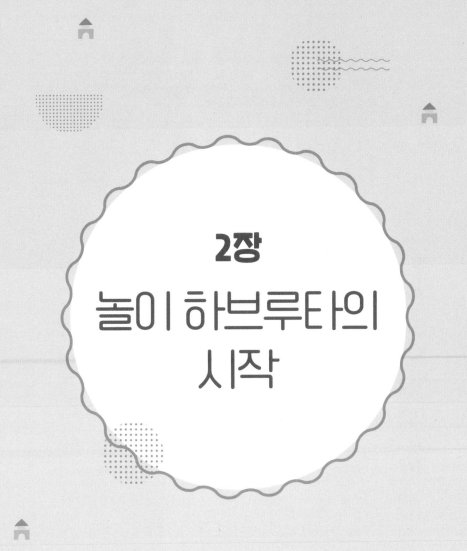

2장

놀이 하브루타의 시작

1. 놀이 하브루타란?

왜 하브루타일까?

저의 하브루타는 한 달에 한 번 참석하는 '야간 비행' 이라는 독서 프로그램으로 시작되었습니다. 이 프로그램은 제가 살고 있는 지역에 위치한 '질문 배움 연구소'에서 진행하는 다양한 독서 관련 프로그램 중 하나였습니다. 하브루타를 다른 경로가 아닌 '질문 배움 연구소'의 김혜경 소장님을 통해 배울 수 있었던 건 제겐 행운이었습니다. 김혜경 소장님은《하브루타 부모 수업》,《하브루타 질문 독서법》의 작가이며《하브루타 놀이 가이드북》의 공동 저자입니다. 따뜻하고 온화한 성품으로, 논리적인 하브루타도 따뜻한 감성을 느끼며 배울 수 있었습니다. 하브루타에는 공부할 수 있는 여러 과정이 있어서 태교, 아기 놀이 및 부모 교육에 적용하여 지금도 하브루타를 배워 가고 있습니다.

하브루타란 무엇일까요?

《부모라면 유대인처럼 하브루타로 교육하라》의 고(故) 전성수 교수님에 따르면 하브루타는 짝을 지어 질문하고, 대화하고, 토론하고, 논쟁하는 것 즉 '함께 이야기를 나누는 것'이라고 합니다. 유대인들은 경전인 토라나 탈무드를 공부할 때 둘씩 짝을 지어 질문하고 대화·토론·논쟁을 한다고 합니다. 왜 하브루타를 이용하는 걸까요? 혼자서는 읽고 이해하기가 어렵기 때문입니다. 어려운 내용일수록 다른 사람과 함께 읽고 질문하고 토론하면 더 잘 배울 수 있습니다. 유대인의 일상에서는 질문하고 대화하는 하브루타가 자연스럽게 일어납니다.

유대인은 세계 인구의 0.2퍼센트에 불과하지만, 미국 명문 대학을 모아 둔 아이비리그 학생의 30퍼센트, 역대 노벨상 수상자의 22퍼센트를 차지합니다. 또한 유대인은 세계의 경제 및 정치, 문화 전반에 걸쳐 놀라운 성과를 내는 민족입니다. 나라 없는 국민이 세계 최고의 인재를 배출하는 이유로는 그들의 문화 중에서도 하브루타를 꼽을 수 있습니다.

한국에서도 하브루타에 대한 관심이 높습니다. 가정과 교회, 공교육 현장은 물론 사회 전반에 하브루타의 영향은 이미 널리 퍼져 있습니다. 종종 하브루타와 우리나라의 교육을 비교하기도 합니다. 한국의 부모와 유대인 부모의 질문을 비교해 보면 하브루타가 자녀 교육에 긍정적 영향을 주는 이유를 알 수 있습니다.

우리나라 부모는 학교에 다녀온 아이에게 "오늘 선생님 말씀 잘 들었니?"라고 묻는 반면, 유대인 부모는 "오늘 선생님께 어떤 질문을 했니?"라고 묻는다고 합니다. 유대인 부모는 자녀를 일방적으로 가르치거나 지식을 주입하는 것이 아니라, 아이가 스스로 생각할 수 있도록 끊임없이 질문합니다. 아이는 호기심을 갖고 능동적으로 생각할 수 있지요. 선생님 말씀을 수동적으로 잘 듣는 아이를 기대하는 우리나라 부모와 차이를 보입니다. 유대인들이 가진 문화인 하브루타의 우수성을 알 수 있는 한 가지 예시입니다. 이런 점으로 미루어 보아 하브루타 놀이를 하는 이유를 아래와 같이 설명할 수 있습니다.

첫째, 하브루타는 아이와 소통할 수 있는 방법입니다.

영유아기에는 엄마를 통해 애착을 형성하고 세상에 대한 신뢰를 가집니다. 엄마가 아이의 행동에 잘 반응하여 아이의 요구가 적절히 충족되었을 때, 아이는 자신을 조절하고 원만한 사회생활을 할 수 있습니다. 엄마를 통해 관계를 배우기 때문에 엄마와의 소통은 무엇보다 중요합니다. 유대인 부모는 아이와의 애착 관계를 잘 형성하기 위해 대화를 합니다. 아이가 말을 할 줄 알든 모르든 대화는 가능합니다. 뱃속에 있는 아이에게도 이야기를 들려주어 대화를 할 수 있습니다. 아이에게 끊임없이 말을 건네고 아이의 반응에 귀를 기울입니다. 아이는 하브루타를 통해 부모와 소통하는 것을 배워서 세상과도 자연스럽게 소통하고 자신에게 일어나는 일상의 문제를 해결해 갑니다. 대화를 통한 하브루타는 아이와의 소통에 있어서 중요합니다.

둘째, 하브루타는 지혜로운 아이로 자라게 하는 방법입니다.

유대 문화에는 '물고기 한 마리를 잡아 주면 하루를 살 수 있지만, 물고기를 잡는 방법을 가르쳐 주면 일생 동안 먹고살 수 있다'라는 격언이 있습니다. 이를 통해 부모는 아이가 살아가는 데 있어서 필요한 것을 스스로 할 수 있는 지혜를 가르치는 안내자라는 것을 알 수 있지요. 하브루타는 질문과 대화를 통해 더 좋은 해결 방법을 아이 스스로 생각하게 합니다. 하브루타를 통해 문제를 스스로 해결하다 보면 아이는 지혜롭게 자라날 수 있습니다.

셋째, 하브루타는 타인과 더불어 행복한 삶을 살아갈 수 있는 방법입니다.

하브루타에서 토론을 즐기는 아이들의 특징을 보면 자신의 생각을 상대에게 잘 전달합니다. 이때 상대방의 입장을 고려하여 적절하게 표현할 줄 압니다. 만약 상대의 입장이 논리적으로 타당할 때에는 자신의 생각을 유연하게 바꾸기도 합니다. 상대방의 생각을 듣고, 타협하고, 조율하는 하브루타는 타인과 더불어 살아가는 데 있어서 필요한 능력을 길러 줍니다. 비대면 소통이 일반화된 코로나 이후 사회에는 상대방과 마음을 나눌 수 있는 소통 능력이 더욱 중요해졌습니다. 기술이 아무리 발달해도 인간이 놓쳐서는 안 될 능력이 바로 사람 간의 소통 능력입니다. 내 생각을 말하고, 설득하고, 상대의 생각을 듣고 공감할 수 있는 능력을 하브루타를 통해 기를 수 있습니다.

위의 세 가지 이유에서 하브루타를 선택합니다. 그런데 질문과 대화를 능숙하게 하기 어려운 영유아 시기의 아이들이 어떻게 하브루타를 할 수 있을까요?

하브루타의 궁극적인 본질은 상대와 자신의 의견을 공유하고 소통하는 것입니다. 서로의 마음을 알고 소통하는 시간은 영유아기를 보내는 아이와 엄마에게도 꼭 필요합니다. 다만 소통의 방법은 엄마의 도구인 '언어'가 아니라 아기의 도구인 '놀이'가 되는 것입니다.

아기와 하는 놀이 하브루타의 시작은 보여 주고 들려주는 것에서 출발합니다. 아기들은 시지각이 발달하면서 눈으로 많은 정보를 받아들이고 귀로 여러 가지 소리를 듣게 됩니다. 엄마가 들려 주고 보여 주는 것을 통해 소통의 씨앗을 뿌리게 되지요. 이처럼 아이들의 하브루타는 감각을 통해 세상을 배워 가는 것입니다.

아이와 하브루타를 할 때, 아기의 하베르(짝)는 부모입니다. 아이에게 보살핌을 제공해 주고 아기의 마음을 제일 잘 알아주는 대상인 부모가 짝이 되어 하브루타를 시작하는 것입니다. 물론 지금은 '놀이'로 소통을 하지만, 아이가 더 자라면 '대화'로도 소통할 수 있답니다.

이 책의 전반에 걸쳐 소개하는 하브루타는 전문가를 위한 방법이 아닙니다. 하브루타에 익숙하지 않은 초보 엄마가 쉽고 즐겁게 할 수 있는 방법을 소개하고 있습니다.

왜 그림카드 놀이일까?

4개월이 된 하담이는 주로 누워서 그림카드를 봅니다. 하담이 엄마가 '사과' 그림카드를 들고 천천히 왼쪽으로 움직여 보았습니다. 하담이 눈의 초점이 사과를 따라 움직이는 게 보입니다. 오른쪽으로 천천히 움직여 보았습니다. 하담이의 시선이 다시 오른쪽으로 따라갑니다. 엄마가 제시하는 놀이에 반응하는 하담이가 신기합니다. 하담이는 4개월이 될 때까지 엄마가 보여 주는 그림카드에 기분이 좋을 때는 방긋방긋 웃기도 하고 옹알이를 해 대며 잘 응시하였습니다.

그런데 하담이가 5개월을 넘기고부터는 그림카드를 보는 반응이 달라졌습니다. 엄마가 가지고 있는 그림카드를 잡고 싶은지 손을 뻗어 보입니다. 8개월이 넘어가면서 아이는 더욱 적극적인 반응을 보입니다. 손에 쥐여 주면 입으로 가져가 빨려고 하고, 그림카드를 구기거나 휘두르기도 해서 난감합니다. 한번은 엄마가 다른 일을 하는 사이에 하담이가 그림카드를 입안에 넣어 쪽쪽 빨고 있었습니다. 하담이 입안에서 종이 죽이 된 그림카드의 한 모퉁이를 발견한 뒤, 엄마는 종이로 된 그림은 보여 주기만 하고 손에 쥐여 주지는 않는 태도를 유지했습니다. 처음에는 아이가 달라고 떼를 쓰고 짜증을 내었지만, 엄마는 그럴 때마다 마음 약해지지 않고 "종이로 된 것은 줄 수 없단다"라고 말해 주었습니다. 대신에 빨아도 되는 다른 장난감을 손에 쥐여 주고, 그림카드로는 재미있는 놀이를 했습니다. 한 달쯤 되니 하담이는 종이는 안 되는 것을 알기라도 하듯 그림카드를 가져가려고 하지 않았습니다. 짜증도 내지 않고 그림카드를 바라보면서 엄마와의 소통을 잘할 수 있게 되었습니다.

이렇게 되기까지는 하담이 엄마의 노력이 컸습니다. 아이의 요구를 무작정 거절한 게 아니라, 그림카드를 보여 주면서 천천히 말을 들려주고 재미난 흉내를 내면서 놀아 준 덕분입니다.

10개월이 된 하담이에게 '모자' 그림카드를 보여 주고 "하담아, 이건 머리에 쓰는 거야" 하고 엄마가 시범을 보여 주었습니다. 하담이는 엄마의 시범을 보고 두 손을 뻗어 머리 위로 올리며 모자를 쓰는 흉내를 냅니다. 입에 넣지도 않고 마치 엄마가 하는 말을 알아듣는 것처럼 놀이를 따라하는 반응입니다. 하담이는 엄마와 함께하는 그림카드 놀이를 점점 즐겁고 흥미롭게 받아들였습니다. 12개월이 넘어가면서 표현이 많이 늘어나자, 직접 그림카드를 가져와서 놀이를 하자고 요구하는 제스처를 보이기도 합니다.

"하담이랑 그림카드 놀이를 할 때, 제 말을 듣고 웃어 주면 참 행복하다는 느낌을 많이 받아요."

이처럼 하담이의 이야기를 통해 왜 그림카드 놀이를 하는지 알 수 있습니다.

첫째, 아이들의 두뇌는 오감 자극을 통해 발달합니다. 이때 그림카드를 보고, 이름을 듣는 놀이는 특히 두뇌 발달에 도움이 됩니다. 사과가 그려진 그림카드가 있을 때, 아이들은 빨간 색채와 동그란 모양에 시각을 집중합니다. 그림카드를 움직이면 눈동자가 카드를 쫓아가며 눈 주변 근육이 발달하고, 사물을 응시하는 집중력 또한 늘어갑니다. 엄마가 '사과'라고 말하는 목소리를 들려주면 청각 자극도 됩니다. 이렇게 보여 주고 들려주는 자체만으로도 감각을 자극하여 뇌가 발달하는 데 도움이 됩니다.

둘째, 아이들은 많은 에너지를 가지고 있는데 그림카드는 그 에너지를 발산하는 데 도움이 됩니다. 아기들은 쉴 새 없이 몸을 움직이려 하고, 입에 장난감을 넣으려고 하는 등 감각 활동을 통해 에너지를 발산하게 됩니다. 사물을 응시하여 바라보는 활동 자체만으로도 많은 에너지를 발산합니다. 집중을 발휘할 때는 더욱 많은 에너지를 사용합니다. 놀이 시간에 유난히 집중을 하다가 집에 가는 동안에 잠들어 버리는 아이들이 종종 있습니다. 이러한 반응을 봤을 때, 시각에 집중하면 많은 에너지를 사용한다는 것을 추측할 수 있습니다.

셋째, 사물 인지를 위해 그림카드 놀이가 필요합니다. 아이들에게 그림카드를 보여 주고 설명을 들려주면 자연스럽게 자연과 사물, 인간관계 그리고 주변에서 일어나는 사건에 대해 알게 됩니다. 이처럼 이름 및 특성을 많이 알고 깊게 알수록 인지 능력이 발달합니다. 주변에서 흔히 볼 수 있는 사물을 그림카드로 보여 주면 아이는 더욱 호기심을 느끼고 친숙하게 여깁니다. 물론 일상에서 흔히 볼 수 없는 사물도 의도적으로 보여 주어야 합니다. 이를 통해 단순히 아는 것에만 그치지 않고 인지의 범위를 넓힐 수 있습니다.

역사의 현장도 알고 가면 그 감동과 의미가 크지만, 모르고 가면 그저 옛날 사람의 동상이 있는 장소에 불과합니다. 아이가 그림카드에서만 봤던 코끼리를 실제로 보게 되었을 때 더욱 호기심을 가지는 경우와 같습니다. 물론 사물을 인지하는 능력을 기를 때 제일 좋은 재료는 실물이지만 세상의 모든 사물을 다 실물로 가져올 수는 없습니다. 피라미드는 이집트에 가야만 실물을 볼 수 있고, 집안에 기린을 대령할 수도 없지요. 그렇기 때문에 그림카드, 영상, 책 등을 사용하면 사물 인지에 도움이 됩니다.

넷째, 그림카드는 책을 좋아하게 되는 징검다리입니다. 그림카드는 이미지에 아이의 시각을 집중시켜 '보다'라는 반응을 이끌어 냅니다. 이처럼 무언가를 보는 반응은 이후 책을 읽을 때도 발휘됩니다. 그림책은 낱장의 그림이 모여서 묶인 형태라 할 수 있습니다. 그림카드는 그림책 이전 단계의 연습인 셈입니다. 책을 보기 전, 그림카드를 통해 집중해서 보는 행동에 익숙해지면 그림책에도 흥미를 갖습니다. 책장을 넘기기만 하거나 구기고 던지는 행위보다 그림을 보는 것 자체에 더 흥미를 갖게 됩니다. 책에 흥미를 갖는 데 그림카드가 초석의 역할을 하는 것이지요.

다섯째, 그림카드는 엄마와 아기의 소통을 위한 매개체입니다. 일상에서 아무런 매개체도 없이 아이와 소통하기는 어렵습니다. 이때, 좋은 재료가 있으면 아이와 엄마 사이의 의사소통을 촉진할 수 있습니다. 눈만 맞추고 있기도 한계가 있고, 일상의 언어를 들려주는 것도 유익하나 이 또한 말이 적은 엄마는 할 말이 고갈되기도 합니다. 그럴 때 엄마와 아이 사이에 그림카드라는 매개체가 있으면 더욱 의미 있는 의사소통을 나눌 수 있습니다.

주의할 점은 그림카드를 지식 전달의 매개체로 여기면 안 된다는 것입니다. 아이가 즐거운 기분으로 그림카드를 바라보고, 그림카드를 들고 있는 엄마를 바라보면서 기분 좋은 감정을 주고받는 것이 무엇보다 중요합니다. 이렇게 하면 엄마와 아이의 친밀감이 커지고 정서적 유대가 돈독해집니다. 실제로 그림카드 놀이를 하고 난 엄마들의 관찰 기록지를 보면 아이와 행복한 소통을 하고 있다는 것을 알 수 있습니다.

왜 그림책 놀이일까?

24개월 연수는 놀이 하브루타 수업에서 처음 만났습니다. 연수에게 그림책을 보여 주자 호기심을 가졌습니다. 연수는 엄마와 떨어져 앉았음에도 불구하고 그림책의 흥미에 금방 빠져들었고, 낯선 상대에 대해서도 경계심이 크지 않았습니다. 그뿐 아니라 연수는 언어 이해력도 뛰어났습니다. 그림책을 펼쳐서 책 안의 돌고래한테 물고기를 주라고 하는 제시어에 책을 펼쳐 보입니다. 상대의 말을 잘 이해한다는 것을 알 수 있었습니다

연수를 만났을 때 연수 엄마에게 질문지를 하나 드렸습니다. 일상에 관한 질문지로, 아이에 대해 자세한 정보를 알 수 있는 것이었

습니다. 질문 중에는 아이와 책을 얼마나 읽는지에 대해 알 수 있는 문항이 있었는데, '매일 읽어 주고 같이 논다'라는 항목에 체크가 되었습니다. 연수처럼 안정적으로 애착이 잘 형성되고 긍정적인 발달이 나타나는 아이들은 책을 자주 본다는 항목에 체크되는 경우가 많습니다. 이렇게 제가 경험한 바로는 책을 자주 읽고 엄마와 소통을 한 아이들이 정서적으로 안정감을 가질 뿐 아니라 언어 이해력 또한 높았습니다.

그 밖에 책을 접한 아이들은 문화적으로 용인되는 행동의 선을 알고, 가치 및 사고방식도 잘 배웁니다. 친구를 때리면 친구가 아프고 속상하다는 내용이나, 다른 사람에게 피해를 주는 행동 등을 책으로 경험한 아이들은 친구를 때리면 안 된다는 것을 배울 수 있습니다. 또는 책에서 '인사를 잘해요'라는 내용을 읽고 나서는 가족이나 어른들께 인사를 하는 행동을 보입니다.

이처럼 그림책은 아이에게 긍정적인 영향을 미친다는 것을 알 수 있습니다. 하지만 12개월 전후의 영유아기 아이들에게 책을 읽어 주기란 쉽지 않습니다. 물고 빨거나 넘기기를 즐기는 반응만 보일 뿐, 아이가 책을 듣고 있는지 이해했는지 알기가 어렵습니다. 12개월 전후 아이들의 책 읽기 방법은 어른의 책 읽기 방식과는 차이가 있습니다. 12개월 전후의 아이들은 감각 운동기이므로 감각을 통해 책을 경험합니다. 책을 보기도 하지만 물고 빨고 만지고 무너뜨리는 등의 형태로 책을 알아갑니다.

이때는 부드럽고 친숙한 엄마의 목소리로 책의 내용을 읽어 주는 것이 무엇보다 중요합니다. 엄마가 무언가 손에 들고 넘겨 가면서 목소리도 바뀌고 즐거운 기분도 전해지는 이 상황 전체를 아이는 느낌으로 받아들입니다. 이야기 내용을 이해한다기보다, 엄마와 즐거운 놀이를 하는데 엄마의 손에 책이 들려져 있는 것을 경험하게 되는 것이죠. 이런 경험이 누적되면 책을 친숙하고 즐겁게 받아들여 책에 대한 긍정적인 인상이 남게 됩니다. 다음은 생텍쥐페리의 《어린 왕자》에서 여우가 어린 왕자에게 한 말입니다.

> "저길 봐! 저기 밀밭이 보이지? 난 빵을 먹지 않아. 밀은 나한테 아무 소용이 없어. (중략) 금빛으로 무르익은 밀을 보면 네 생각이 날 테니까. 그럼 난 밀밭을 지나가는 바람 소리도 사랑하게 될 거야…"

여우가 어린 왕자의 황금빛 머릿결과 닮은 밀을 보면 어린 왕자를 떠올리고, 자기에게는 아무런 의미가 없는 밀밭의 바람도 사랑하게 될 것이라고 합니다. 이와 마찬가지로, 아이도 엄마가 기분 좋게 책을 읽어 준다면, 설령 책의 내용을 모른다고 해도 여우가 밀밭의 바람을 사랑하듯 책을 사랑하게 될 것입니다. 그래서 그림책 놀이가 중요합니다. 그리고 12개월 전후의 아이들에게는 물고 빠는 책 놀이도 허용되어야 합니다. 아이는 입으로 물고 빨면서 감각을 자극하기도 하고, 사물을 인지하기 때문입니다.

가톨릭대학교 성모병원 교수이자 의사인 김영훈 박사님도 영유

아기에 그림책의 필요성을 강조했습니다. 그림책 읽기는 12개월 이전 유아의 작업 기억력과 배경지식을 높이기 위한 방법으로, 특히 3~6개월에는 손으로 잡고 놀 수 있는 손바닥 그림책을 읽어 주는 것이 좋다고 합니다.

그 밖에도 그림책은 촉각과 청각을 발달시킬 수 있습니다. 만약 아이가 말을 하지 못하더라도, 그림을 이용하여 아이와 눈을 맞추고 이야기하는 시간을 되도록 많이 가지는 것도 중요합니다. 또한 언어 발달이 핵심적인 시기이므로, 그림책을 읽을 때 엄마가 풍부한 어휘를 사용하여 이야기하고 아이의 말에 반응해야 합니다.

김영훈 박사님은《하루 15분 그림책 읽어주기의 기적》에서 책은 엄마와 아이의 상호 작용을 위해 그 중요도가 크다고 말한 바 있습니다. 이 책의 3부에서는 그림책으로 아이와 상호 작용을 할 수 있는 놀이를 소개하는데, 책을 읽어 주는 방법 외에도 그림책 놀이를 다양화하는 데 주력하였습니다. 3부의 실제 하브루타 놀이법에서 도움을 얻을 수 있기를 바랍니다.

2. 아기와 소통하기

놀이로 성장하다

6개월인 유주와 유주 엄마가 얼굴을 마주 보고 있습니다. 유주 엄마는 양손으로 엄마 자신의 얼굴을 가렸다가 나타내며 "까꿍"하고 웃어 보입니다. 유주는 엄마가 보이는 놀이에 까르르 웃음이 흘러넘칩니다. 몇 번을 반복해도 유주는 까르르 웃으며 엄마와의 놀이에 즐거움을 표현합니다. 엄마가 분유를 타러 주방으로 사라지자 유주는 크게 울어 댑니다. "엄마가 분유 빨리 타서 갈게." 엄마가 이야기해 보지만 유주는 울음을 그칠 줄 모릅니다.

위와 같은 상황에서 놀이가 아이의 인지 발달과 정서 발달에 미치는 영향에 대해 알 수 있습니다. '까꿍 놀이'는 영유아기 아이들이 하는 놀이로, 대상 영속성의 개념을 인지하는 데 도움이 됩니다 대상 영속성이란 존재하는 물체가 어떤 것에 가려져서 보이지 않더라도 그것이 사라지지 않고 지속적으로 존재하고 있다는 것을 아는 능력입니다.

대상 영속성이 발달하기 이전 시기인 유주는 엄마가 눈에 보여야만 존재한다고 생각하고 눈에 보이지 않으면 엄마의 존재를 전혀 인식하지 못합니다. 그런데 유주 엄마처럼 얼굴을 가렸다가 나타내는 까꿍 놀이를 하면 유주는 엄마가 눈에 보이지 않더라도 엄마가 존재하며 곧 돌아올 것을 알게 됩니다. 그러면 정서적으로 안정감을 형성할 수 있습니다. 유주는 까꿍 놀이로 대상 영속성이라는 개념을 인지하고, 정서적 안정감을 형성할 수 있었습니다.

이처럼 아기들은 놀이를 통하여 즐거움을 느끼며 인지 발달을 합니다. 까꿍 놀이에서 확인했듯이 정서도 놀이를 통해 발달되며 사회적 상호 작용, 신체 기술 습득 그리고 스트레스 해소에도 놀이가 큰 영향을 줍니다. 이처럼 놀이는 유아가 성장하고 발달함에 있어 다방면으로 영향을 미치기 때문에 그 중요성이 더욱 강조되고 있습니다.

아기에게 있어서 놀이는 삶이라고 할 수 있습니다. 아이는 놀이를 하면서 즐거운 감정도 느끼고 때로는 놀라기도 합니다. 이처럼 놀이는 정서 발달과 학습에 영향을 주며 아이의 전인적 발달을 돕습니다.

의사이자 신경학자인 프로이트는 기쁨을 찾고 고통을 피하기 위해 놀이를 함으로써 유아가 처한 상황을 극복할 수 있게 하는 것이라고 하였습니다. 인지발달 이론가인 피아제는 놀이를 지적인 성장과 발달을 위한 것이라 보았습니다. 모든 지적인 행동은 놀이를 통해 이루어지는데, 이때 동화와 조절 간의 평형을 통해 이루어진다고 합니다.

아기와 놀이를 할 때 비고츠키의 놀이에 대한 관점도 이해가 필요합니다. 비고츠키는 유아는 성인이나 자신보다 유능한 또래들과의 상호 작용에서 학습하며 발달한다고 보았습니다. 학습은 근접발달영역에서 일어납니다. 근접발달영역이란 스스로 해결할 수 있는 수준과 다른 사람의 도움의 받아 해결할 수 있는 수준 사이를 말하는데, 이 영역은 놀이 도중에 만들어집니다. 따라서 놀이는 학습을 촉진시키는 도구와 같습니다.

이 책에서 비고츠키의 이론을 언급하는 이유는 아기가 놀이를 할 때 엄마와의 상호 작용이 중요하다는 사실을 강조하기 위해서입니다. 앞서 언급했듯, 비고츠키는 '아동은 더 발달된 사람과의 상호 작용 과정을 통하여 지적 능력의 발달을 가져온다'라고 하였습니다. 여기서 상호 작용이 중요한 더 근본적인 이유는 상대방과 일방향이 아닌 쌍방향으로 소통하기 위해서입니다.

상대가 보여 주는 것을 시각 능력으로 보고, 소리를 청각으로 듣고, 제시하는 놀이에 참여하며 상대와 소통하는 것이 무엇보다 중요합니다. 12개월 이전 시기는 인지 발달과 정서 발달에 목적을 두지 않더라도 이 상호 작용에 초점을 맞추어 놀이를 해야 합니다,

11개월 된 시아에게 소근육 발달 놀이인 '튕기기'를 가르쳐 준 적이 있습니다. 튕기기 놀이는 검지손가락 끝 부분을 사용하는 놀이

법입니다.

"시아야, 블럭 튕겨 봐"라는 엄마의 말을 들은 시아가 튕기는 손짓을 표현해 냅니다. 시아 엄마는 엄마가 하는 말을 듣고 시아가 반응하는 것이 기특하고 감동적이었다는 메시지와 함께 영상을 보내왔습니다. 시아는 몇 번의 시도를 한 후 튕기기를 해냈고, 이제는 집안에 사물이 보이면 검지손가락을 갖다 대 보이며 사물의 특성을 파악하기 바쁘다고 합니다. 시아의 행동에서 알 수 있듯이, 아이는 엄마와 놀이를 통해 적절한 반응을 주고 받습니다. 엄마는 아이의 성취에 대한 기쁨을 표현해 보이고, 아이는 그런 엄마와 소통하게 됩니다.

아이는 점차 자라서 학교도 다니고 사회생활도 할 것입니다. 살아가는 데 있어서 상대와 적절히 반응을 주고받는 상호 작용은 중요합니다. 놀이를 강조하는 이유는 엄마가 아이의 발달을 보다 자세히 이해하고 그 발달에 맞추어 아이와 마음과 만나는 상호 작용을 하기 위해서입니다.

아기와 대화하는 법

아이 기저귀를 갈고 식탁에 돌아와 보니 저녁을 먹던 남편이 보이지 않습니다. 싱크대 안에는 저녁을 먹은 냄비며 설거지 거리가 한가득입니다. 기저귀를 갈아 주기 위해 자리를 비웠던 아내의 밥

그릇에는 몇 숟가락의 밥이 남아 있지만, 남편의 밥그릇은 비워져 있습니다. 숟가락으로 밥을 먹으려다 말고 방문을 열어젖힙니다. 남편은 저녁을 먹은 후 방에 들어가 혼자 핸드폰 게임을 하고 있습니다. 아내는 화가 난 목소리를 감추지 않고 남편에게 말을 겁니다.

"또 핸드폰이야?"

"내가 언제 핸드폰을 매일 한다고 그래?"

"설거지 좀 해."

"낮에 일하고 와서 피곤하니까 설거지는 당신이 좀 해."

이 상황은 부부 관계 개선을 위한 솔루션 프로그램에서 본 장면입니다. 이번에는 다른 상황을 볼까요? 서진이가 대성통곡하는 소리에 엄마가 놀라서 달려가 봅니다. 서진이는 안전 울타리 위에 끼워 놓은 인형을 향해 손가락을 가리킵니다. 손가락이 끼었나해서 손가락을 살피려는데, 가리킨 방향을 보니 눈물의 이유가 짐작이 갑니다. 울타리 위에 끼워진 인형은 서진이가 평소에 무서워하는 인형입니다. 혼자 잘 놀던 서진이가 평소 무서워하는 인형을 발견하고서는 놀란 마음에 울었던 것 같습니다.

"코코야 인형 무서워?"

아기는 엄마를 향해 두 손을 뻗어 보입니다.

"무서워서 엄마한테 안기고 싶구나."

엄마가 서진이를 안아 주자 그제서야 안심이 되나 봅니다.

"어제 시후 형아가 놀고 여기에 끼워 두고 갔나 보네. 서진이 혼자 놀다가 코코야 인형 발견하고 놀랐구나. 많이 무서웠어?"

그 말에 수긍하는 듯 서진이는 엄마 품에 얼굴을 더 파묻으며 꼭 안깁니다.

"서진아, 우리 코코야 자동차 태워 줄까? 자동차 태우고 방에 있는 노란 상자 안에 넣어 두고 올까? 코코야 인형이 있으면 서진이가 무서우니까 상자에 넣어 두고 오면 안 무서울 것 같아."

서진이는 엄마의 생각이 좋은 의견이라 느낀 것 같습니다. 자동차를 가리킵니다. 엄마의 말대로 자동차를 타겠다는 의지를 표현한 것입니다.

"그럼 서진이가 코코야 인형 잡고 자동차에 태워 줘 봐."

서진이는 몸을 획 돌립니다. 무서우니 자신의 손으로 인형을 잡을 수 없다는 뜻으로 보입니다.

"서진이가 하기 무서우면 엄마가 장난감 자동차에 코코야 태울게. 서진이 기사님, 방에 있는 노란 상자까지 운전해 주세요."

엄마의 말에 재미가 느껴졌는지 서진이는 자동차에 올라탑니다.

첫 번째 상황 속 남편과의 대화와 두 번째 상황 속 아기와의 대화에서 어떤 차이점이 느껴지나요? 첫 번째 상황은 말을 할 수 있는 성인과의 대화이고, 두 번째 상황은 말로 원활한 의사소통을 할 수 없는 아기와의 대화입니다. 이를 통해 대화를 하는데 있어서 언어가 절대적으로 중요한 역할을 하는 것이 아니라는 것을 알 수 있습니다. 대화는 언어의 형태가 아니어도 할 수 있습니다. 언어를 제대로 사용하지 못하는 영유아기의 아기와도 대화를 할 수 있습니다.

원활한 대화에 있어서 언어라는 도구는 절대적이지 않습니다. 비언어적 표현으로도 소통을 할 수 있기 때문입니다. 소통은 서로의 생각과 마음을 주고받으며 느끼고 이해하는 것입니다. 그런 의미에서 아기는 말을 하지 못해도 소통이 가능합니다. 언어가 아니더라도 다양한 소통의 도구를 이용합니다.

서진이의 상황에서 그 도구들을 살펴볼까요? 무서운 감정을 느끼고 울면 엄마가 달려옵니다. 울음으로 신호를 보내었지요. 그리고 서진이가 손으로 인형을 가리키자, 엄마는 울음의 원인이 인형이라는 사실을 이해했습니다. 그리고 서진이는 엄마 품에 꼭 안기는 것으로 불안했던 마음을 전달했습니다. 아기의 대화 도구는 울음, 손짓, 몸짓이었습니다. 이처럼 아기는 비언어적인 도구로도 대화를 할 수 있습니다. 서진이의 우는 표정, 엄마의 환하게 웃는 표정도 대화의 도구가 될 수 있지요. 더 어린 영유아 시기에는 옹알이에 반응해 주는 것도 대화입니다. 아기가 소리를 표현했을 때, 엄마가 아기의 소리에 맞춰 적절한 추임새로 반응해 주면 옹알이 빈도는 급격히 증가합니다. 이처럼 아기는 엄마의 행동과 엄마가 들려주는 소리를 듣고 모방하면서 언어를 발달시킬 수 있습니다.

그런데, 표정이나 몸짓과 같은 비언어적 방법 이외에도 탁월한 대화 방법이 한 가지 더 있습니다. 바로 놀이입니다, 서진이 엄마는 인형에 놀란 서진이의 마음을 안심시키기 위해 자동차 놀이를 했습니다. 아이들은 놀이를 흥미롭게 인식하기 때문에 반응과 소통에 더욱 적극적입니다. 또한 놀이는 아이가 일상에서 겪는 크고 작은 문제 상황을 해결하는 데에도 중요한 역할을 합니다. 뚜껑이 열리지 않는 장난감을 열 때에는 소근육 조작 놀이가 도움이 되고, 언어 발달을 위해서는 흥미로운 책 놀이도 도움이 됩니다. 이뿐 아니라, 놀이는 자연스럽게 아이들의 감정을 이끌어 내 주기 때문에 심리 치료에도 활용됩니다.

아이와의 놀이를 활용한다면 기본적인 소통은 물론, 문제 해결을 돕는 대화도 얼마든지 할 수 있습니다. 여러분이 아기에게 섬세하게 관심을 기울이고 관찰할 때, 언제 어디서든 대화할 수 있습니다. 자, 먼저 따뜻한 눈빛으로 소통해 볼까요?

가장 중요한 것은

8개월인 소윤이와 엄마는 항상 놀이 수업 시간보다 일찍 옵니다. 스마트폰을 보면서 기다리거나, 분유를 먹고 기저귀를 갈기 위해서가 아닙니다. 놀이 수업이 시작되기 전, 오늘 일어날 상황들에 대해 이야기를 들려 주기 위해 일찍 오는 소윤이 엄마였습니다.

"오늘 선생님이랑 놀이 수업하러 왔지. 여기가 어딘지 이제 알겠지? 여기 봐, 책도 꽂혀 있고 식물도 보이네. 뽀로로 인형도 보이지? 시계도 반짝반짝 빛나고 있네."

소윤이가 새로운 공간에서 불안해하지 않도록 미리 보여 주고 말을 들려 줍니다. 그 밖에도 외출을 할 때면 소윤이 엄마는 어디를 갈 것인지, 누구와 갈 것인지, 무엇을 하게 될지 아이에게 늘 알려 줍니다.

"내일은 대구 할머니 댁에 갈 거야. 할머니가 우리 소윤이 많이 보고 싶어 하실 거야. 이렇게 이유식도 잘 먹고 잘 웃는 모습을 보면 너무 예쁘다고 하실 것 같아. 짐 챙길 때 인형도 챙겨서 같이 가자."

설령 아이가 모든 대화를 다 이해하지 못하더라도 소윤이 엄마는 늘 말을 걸어 줍니다.

윤호는 서울에 사는 친할머니와 영상 통화를 자주합니다. 할머니는 조그만 화면으로 언제나 윤호에게 무한 사랑을 표현합니다. 그런 할머니의 마음을 아는지, 12개월이 된 윤호는 할머니와 함께 대화처럼 보이지 않지만 대화를 나누었습니다.

"우리 윤호 밥 먹었어?"

"(고개만 *끄덕이며*) 응."

"우리 윤호 오렌지 먹고 있나 보네."

할머니의 말을 들은 윤호가 스마트폰 화면 앞에서 오렌지를 먹는 입을 '아' 하고 벌려 보여 줍니다. 그러고는 갑자기 스마트폰 화면을 향해 손가락을 가리키며 "멍멍! 엄마, 멍멍!" 하며 강아지 소리를 표현합니다. 그리고 갑자기 손가락으로 집에 있는 바구니를 가리키며 또 "멍멍" 하고 말합니다. 윤호가 가리킨 바구니 속에는 강아지 그림카드가 있었습니다. 엄마는 윤호의 생각을 알았는지 카드 더

미에서 강아지 카드를 꺼내 주었습니다. 통화 중, 화면 속의 할머니 뒤로 강아지가 지나가는 모습을 윤호가 발견했던 것입니다.

"할머니 집에 강아지가 지나갔지? 엄마랑 그림카드로 놀았던 게 생각나서 강아지 카드가 바구니에 있다고 말한 거구나. 할머니한테 강아지 카드 보여 드리고 싶어?" 윤호 엄마는 윤호의 행동을 말로 표현해 주었습니다. 친할머니와 영상 통화 도중 강아지를 보니, 얼마 전 그림카드 놀이를 할 때 엄마가 노래도 불러 주고 '멍멍' 소리도 들려주었던 기억이 떠오른 것입니다. 이처럼 아이와의 대화는 꼭 말로 하지 않아도 마음과 생각을 알 수 있습니다. 아이와의 대화 속에는 핵심 알갱이가 있습니다. 바로 상대에 대한 관심과 사랑입니다. 관심과 사랑이 있고 없고에 따라서 아기가 받아들이는 영양분은 다릅니다. 일방적으로 가르치기만 하는 대화나 스마트 기기에 의한 대화는 영양이 풍부하다고 할 수 없습니다.

《태아성장보고서》에는 루마니아의 고아원 이야기가 등장합니다. 당시 루마니아는 급작스럽게 고아원에 맡겨지는 아기가 늘어나는 상황이었습니다. 하지만 아이들의 수에 비해 돌보는 사람의 수는 터무니없이 부족하여 아이들은 하루에 스무 시간 이상 침대에 누워있어야 했고, 누구도 안아 주거나 대화를 해 주지 않았습니다. 그런데 이 아이들을 연구한 결과, 두뇌 발달이 제대로 이루어지지 않았으며 정서 발달에서도 문제를 보여 과잉행동장애, 애착장애 등을 일으킨 것으로 나타났다고 합니다.

이런 극단적인 경우가 아니더라도, 현대에서도 아기와의 대화를 놓치는 상황은 많습니다. 스마트폰에 빠진 엄마가 아기와의 대화에 집중을 못하는 경우도 이에 해당됩니다. 아이가 울음으로 자신의 마음을 표현해도 스마트폰에 관심을 뺏긴 엄마는 아이의 울음에 적절한 반응을 놓칠 수 있습니다. 인스타그램 속 다른 아이들 영상을 보거나, 마음에 드는 옷이라도 보이면 화면에서 눈을 떼기가 어렵습니다. SNS 친구에게 답글을 달거나, 체험단 소식을 읽을 때에도 그렇습니다.

만약 남편이 자신을 곁에 두고 다른 여성에게 오랜 시간 관심을 쏟고 있다면 어떤 기분이 들까요? 아이 입장에서는 자신이 아닌 다른 곳에 관심을 두는 엄마가 서운할지도 모릅니다. 소리를 빽 하고 질러야 엄마가 겨우 바라봐 주니, 악쓰는 소리는 점점 더 커지겠지요. 아이는 자신을 향해 말을 걸어 주고 웃어 보이는 엄마를 바라보면서 말을 배우고 안정감을 느낍니다. 대화는 언어로만 하는 것이 아닙니다. 아이를 무조건적으로 사랑해 주고, 바라봐 주고, 말을 걸어 주기만 해도 가능합니다.

얼마 전, 늘어난 핸드폰 사용 시간과 바쁜 일상으로 인해 가족끼리의 대화 시간이 줄어들었다는 기사를 읽은 적이 있습니다. 예시로 등장한 영상에서 남편은 퇴근 후 핸드폰으로 게임을 하고 있었습니다. 태블릿 PC를 보고 있는 아이 옆에서 엄마도 쉴 새 없이 울리는 SNS에 답을 보내고 있었습니다.

이러한 현상이 아이가 중·고등학생이 될 때까지 이어진다면, 대화는 더욱 어려워집니다. 자신의 생각대로 판단하고 행동하는 사춘기 아이들은 부모의 말에 따르지 않을 테고, 결국 갈등이 일어날 확률이 높습니다. 아이가 어릴 적부터 관심과 사랑의 대화를 시작한다면, 대화는 행복을 나누는 수단이 됩니다. 엄마와 아이에게는 원활한 소통과 대화가 필요합니다. 아이가 즐겁게 참여할 수 있는 놀이로 대화를 시작해 보는 것은 어떨까요?

3. 어떤 준비가 필요할까?

그림카드 준비하기

"그림카드를 사야 하나요?"

"조카가 쓰던 카드를 물려 받은 게 있는데, 그걸 써도 될까요?"

"집에 마땅한 그림카드가 없는데, 어떤 걸 사야 할까요?"

"종류별로 사물카드는 엄청 많았는데, 아이가 잘 보지 않아서 중고 시장에 내놓았어요."

이처럼 그림카드 하나를 준비할 때도 각자 주어진 환경이 다릅니다. 하지만 걱정하지 마세요. 현재의 환경에서 방법을 찾으면 되니까요. 물려받은 그림카드가 있다면 그것을 활용하면 되고, 그림카드가 없다면 새로 장만하면 됩니다.

글을 읽다 보면 알게 될 것입니다. 그림카드가 중요한 게 아니라 그림카드로 노는 '방법'이 중요하다는 것을요. 어떤 종류든 최소한의 그림카드만 있으면 충분합니다. 지금은 흥미를 갖게 하는 초기 시점이니까요. 놀이에 흥미가 충분히 생기고, 아이의 관심 영역을 더욱 확대해 줄 시점이 되면 추가로 준비해도 늦지 않습니다. 그때는 이미 우리 아이가 어떤 것에 관심을 두는지 어떤 부분이 더 추가되어야 하는지 엄마가 알게 될 것입니다.

만약 그림카드를 새로 구입해야 하는 경우, 아래 기준을 참고하여 선정하면 좋습니다.

■ 그림카드 선정 기준

- 선명하고 생동감 있는 색채의 그림이 좋습니다.
- 사진의 경우, 배경이 없고 단 하나의 사물만 있는 것이 좋습니다. 아이가 받아들이는 정보가 분명해야 하기 때문입니다.
- 캐릭터 그림은 피합니다. 정확한 정보를 인식하기 위해 사실적인 그림이 더 좋습니다.
- 동물 그림의 경우, 다양한 표정이 드러나면 좋습니다. 느낌으로 그림을 인식하는 아이는 표정을 보며 더욱 흥미를 느낍니다.
- 양이 많으면 좋지만, 50장 내외의 종류만 있어도 흥미를 끄는데 충분합니다.
- 동물카드 또는 자동차카드 등 한 가지 분류로만 된 그림카드보다는 다양한 분류가 섞여 있는 것이 더 좋습니다.
- 쉽게 찢어지는 얇은 종이보다 두께감이 있는 재질이 좋습니다.
- 영유아기에는 유광 코팅이 된 제품보다는 눈부심 없이 시각적으로 받아들이기 편안한 무광 코팅의 그림카드가 더 적절합니다.

그림책 준비하기

■ 그림책 선정 기준

● 모든 사물을 입으로 빨아서 탐색하는 아기의 특성을 고려하면 보드로 된 딱딱한 재질의 그림책이 안전합니다.

● 상을 받은 그림책 또는 스테디셀러와 같은 책은 보드 형태가 아니더라도 제공해 주면 좋습니다. 단, 입에 넣지 않도록 주의해야 합니다. 칼데콧 상, 케이트 그린 어웨이 상, 볼로냐 라가치 상, 안데르센 상 등을 수상한 작품들은 아이에게 긍정적인 영향을 줄 수 있습니다.

● 누르면 불빛 또는 음악 소리가 나는 책과 펼치면 화려한 그림이 나타나는 등 자극이 강한 그림책은 피합니다. 아이의 관심을 끌기에는 좋지만 이후 다른 그림책을 볼 때에는 오히려 흥미를 잃게 만든답니다. 꼭 필요하다면 처음 그림책에 흥미를 붙이는 단계에 사용하거나, 한두 권 정도만 두어도 됩니다.

● 스마트 기기가 읽어 주는 책에 의존하지 않기를 바랍니다. 아기는 엄마의 목소리로 읽어 주는 이야기에 더욱 민감하게 반응하고 안정감을 느낍니다. 기기의 스피커를 통해 들리는 목소리가 아닌 엄마의 목소리를 통해 안정적인 정서를 기르는 것이 중요합니다.

● 엄마가 좋아하는 책을 아이에게 읽어 주는 것도 좋습니다, 엄마가 좋아하면 긍정적인 정서가 아이에게도 전해지기 때문입니다.

● 전집으로 된 그림책도 유용합니다. 전집이라고 해도 다양한 흥

미점과 아기의 발달에 맞추어 잘 구성된 책들도 많기 때문에, 무조건 비판적으로 바라볼 필요는 없습니다. 육아로 바쁜 엄마의 시간과 에너지를 절약해 주기도 합니다. 단, 너무 많은 양을 사거나 과도한 지출을 하지 않도록 각자의 여건에 맞게 조절하기 바랍니다.

● 크기나 모양이 다양한 그림책도 좋습니다. 책 속에 구멍이 나 있거나, 펼치면 한두 장이 연결된 형태의 그림책도 아이의 흥미를 끌 수 있습니다. 아코디언처럼 접혀서 연결된 형태의 그림책도 놀이를 하기에 유용합니다.

● 삽화의 표현 기법이 다양한 그림책도 좋습니다. 수채화 형태로 그린 그림, 점토로 만들어 사진을 찍어 낸 그림, 종이를 오려서 붙인 형태의 그림, 파스텔로 그린 그림 등 여러 가지 기법으로 그린 그림을 보여 주세요. 기법에 따라 다양한 느낌을 전달받을 수 있습니다.

명화가 필요한 이유

사방에 찌든 때가 묻은 공간에 있으면 어떤 기분이 드나요? 인상이 찌푸려지고 기분도 썩 좋지 않습니다. 그곳을 벗어나고 싶은 마음이 간절해질 것입니다. 반면 쾌적하고 잘 정돈된 공간에 있으면 어떤 기분이 드나요? 바다가 내려다 보이는 쾌적한 커피숍을 상상해 보세요. '힐링'이라는 해시태그를 달고 많은 사람들이 선호하는 명소로 떠오를 것입니다. 이처럼 눈에 보이는 공간은 사람의 기분에 큰 영향을 받습니다. 아기도 마찬가지입니다. 아기는 시각으로 정보를 습득하고 감정에 영향을 줍니다. 첫 아이가 돌도 되기 전의 기억이 떠오릅니다. 아이의 외증조할머니를 뵈러 갔는데, 방을 들어서자마자 울어 대는 통에 그 공간에 머물지 못한 일이 있었습니다. 평소 보던 집과는 다른 공간인데다, 연세가 지긋하신 할머니의 방에 있는 옛날 벽지와 액자들에서 오래된 느낌이 풍겨 왔습니다. 첫 아이로서는 그런 부분들이 낯설고 불편했던 것입니다. 이처럼 아기는 머무는 환경에 따라 감정에도 영향을 받습니다.

　많은 엄마들이 아기방을 알록달록하게 꾸미는 것도 아기의 시각을 자극하고 정서적으로 안정된 공간을 마련하기 위해서입니다. 풍부한 색감의 환경과 더불어, 인상 깊은 명화 또한 아이에게 정서적 안정감을 줄 수 있습니다. 명화는 풍부한 색감, 예술적 위대함 등을 이유로 오랜 시간 많은 사람들에게 관심과 사랑을 받은 그림입니다. 아이들은 인상주의, 입체주의와 같은 사조나 미술사에 얽매이지 않고 그림의 긍정적인 영향을 받을 수 있지요. 보이는 것을 직관적으로 받아들이는 유아기 특성상 아이는 창의적으로 그림을 느낍니다. 작가가 의도하지 않았던 바를 발견하기도 하지요.
　클로드 모네의 〈생타드레스의 테라스〉를 본 아이가 테라스 앞에 펼쳐진 바다의 풍경을 보고 상어가 나타났다고 합니다. 돛을 편 배 세 척이 나란히 있는 그림이 아이의 눈에는 상어처럼 보였던 것입니다. 이처럼 아이는 자기만의 시선으로 그림을 보게 됩니다. 아이는 명화를 보며 관찰력도 기릅니다. 밀레의 〈이삭줍기〉에서 멀리 있는 말을 찾아내기도 하고, 마네의 〈발코니〉 그림에서 아래에 가려진 강아지를 찾아내기도 합니다. 이처럼 명화를 통해서 아이의 관찰력을 기를 수 있습니다.

아이는 명화 안에서 다양한 사람과 사물을 보고 일상과 연결 짓습니다. 우리의 일상과 200년 전 명화 속의 일상은 크게 다르지 않습니다. 명화 속에도 사과가 있고 아이의 일상에도 사과가 있습니다. 또한 아이가 만날 수 없었던 시절의 화가와 모델의 흔적이 명화에 있습니다. 빈센트 반 고흐의 〈자화상〉에서 노란 수염이 난 아저씨를 만나고, 폴 고갱의 〈언제 결혼하니?〉에서 검은 피부의 낯선 이모를 만나게 됩니다. 일상과 명화는 결코 분리된 것이 아니기에, 아이는 명화를 통해 사물과 사람을 친숙하게 느낄 수 있습니다.

명화를 흥미롭게 보는 경험이 누적되면 집중력도 늘어납니다. 특히 유아기에는 명화카드 놀이를 통해 집중력을 기를 수 있습니다. 명화카드를 좋아하는 아이는 그림에 흥미를 보이기 때문에 그림책 또한 긍정적으로 받아들입니다. 명화가 책으로 가는 징검다리의 역할을 하는 셈이지요. 아이들이 보는 대부분의 책은 그림으로 흥미를 끄니까요.

받아들이는 사람에 따라 다르기는 하지만, 그림은 치유의 역할도 합니다. 마음이 힘들 때 그림으로 위로를 받기도 하고, 그림과 대화를 하기도 하며 풍부한 감성을 느낄 수 있지요. 일상이 답답할 때 저는 클로드 모네의 〈아르장퇴유 부근의 개양귀비꽃〉이라는 명화를 감상했습니다. 빨간 양귀비 꽃밭을 동경하다 보면 어느새 가슴이 시원해지고는 했답니다. 언젠가 아이도 치유의 도구가 필요할 날이 오겠죠? 언제가 될지는 모르겠지만, 아이의 삶에 치유가 필요할 때 친숙한 그림에서 위로를 받을 수 있습니다.

이처럼 명화는 아이의 정서에 여러 긍정적인 영향을 미칩니다. 만약 그림카드, 그림책처럼 아이에게 자주 명화를 보여 주고 싶을 때에는 어떻게 하면 좋을까요? 명화카드를 이용하면 아이에게 간단하게 여러 작품을 보여 줄 수 있습니다.

■ 명화카드가 아이에게 미치는 영향

1. 정서적 안정감을 준다.
2. 창의적으로 그림을 느낄 수 있다.
3. 관찰력이 자란다.
4. 시대를 초월하여 다양한 사람과 사물을 연결 지을 수 있다.
5. 집중력이 자란다.
6. 독서로 향하는 징검다리 역할을 한다.
7. 마음을 치유해 준다.

우리에게 생긴 변화

윤재 엄마

　어느 날, 선물 같은 아이가 찾아왔다. 육아의 방향에 대한 고민이 많았던 남편과 나는 많은 대화를 나누었고, 수많은 방법 중 우리 부부가 선택한 것은 책 육아였다.

　육아 방법 중 가장 쉬울 것으로 생각하여 선택했지만, 막상 경험해 보니 결코 간단하지 않았다. 정신없이 정보를 찾아 가며 육아를 하는 중에 문득 이런 생각이 들었다.

　‘내가 책 육아를 하려고 한 이유가 뭐였지?’
　‘이렇게 해 줘도 되는 건가? 내가 잘하고 있는 건가?’
　‘남들을 따라 하려고만 하는 건 아닌가?’
　‘윤재는 과연 즐거워하고 있는 걸까?’

　윤재에게 책을 읽어 주면서 생기는 궁금증들에 대해 물어볼 곳이 마땅하지 않아 답답했고, 책 육아에 점점 자신감이 떨어졌다. 그러던 어느 날, SNS에서 아기를 위한 놀이를 배울 수 있다는 사실을 알게 되었다. 라이브 방송을 보다가 머리를 ‘띵’하고 맞은 것 같은 느낌이 들었다.

　먼저 창의적인 놀이 방법에 대해 놀랐고, 다음으로 그동안의 갈증이 해소될 것이라 직감했기 때문이다. 놀이를 배우고 윤재와 놀면서 우리에게는 많은 변화가 있었다. 그 변화를 정리해 보니 크게 세 가지였다.

1. 책에 흥미를 가진다

평소 윤재는 같은 책을 여러 번 읽어 주면 금방 싫증을 내고 흥미를 잃었다. 그런데 놀이를 진행한 이후, 한 주 한 주 달라지기 시작했다. 한 자리에 앉아서 책과 그림카드 놀이에 집중하는 시간이 꾸준히 증가했고, 나는 그런 윤재의 반응을 은근히 즐겼다. 한 권의 책을 일주일 정도 반복해서 읽어 주어도 아이의 집중력은 떨어지지 않았고, 표지부터 각 페이지의 그림들까지 하나하나 한 자리에서 흥미를 갖고 관찰하는 모습을 볼 수 있었다. 책을 넘기는 것에만 집중하던 아이가 이제는 책 속으로 즐겁게 빠져들게 된 것이다. 이 점이 윤재와 놀이를 하면서 생긴 가장 큰 변화였다.

2. 생각을 자극한다

놀이를 하며 책을 읽어 줄 때, 윤재의 머릿속에서는 많은 생각이 떠오르는 것처럼 보였다. 동그란 책을 보았던 날 윤재는 동그란 모양의 놀잇감을 집어 들었다. 장난감을 쏟아붓더니 그중에서 동그란 장난감을 집어 들고 책을 집어 드는데, 무언가 알고 그러나 싶은 느낌이 들었다. 읽어 주었던 책을 기억하는 반응이 나타나는 것이 신기했다. 또한 책으로 '까꿍 놀이'를 했을 때, 윤재는 책 근처로 고개를 빼꼼히 내밀면서 가려진 인형에도 관심을 가졌다. 자연스럽게 대상 영속성이 발달하는 것이 보였다.

3. 엄마도 성장한다

놀이를 통해 아이뿐만 아니라 엄마도 함께 성장할 수 있었다. 나에게 일어난 가장 뿌듯한 변화는 매일 윤재의 반응을 세심하게 관찰하고, 그 반응에 대해 조금 더 깊게 생각하는 시간을 가지게 되었다는 점이다. 어떻게 하면 윤재의 흥미와 집중을 이끌 수 있을지, 흥미를 보이지 않을 때는 그 이유에 대해 고민하는 엄마가 되었다. 그러다 보니 엄마의 놀이가 능숙해진 것이다. 이로써 자연스럽게 윤재와 교감하는 시간도 길어지고, 아이와 눈을 마주치고 감정을 공유할 수 있게 되었다.

물론 이런 좋은 변화들이 있기까지 쉽지만은 않았다. 처음 놀이를 진행할 때는 윤재의 집중과 관심을 유도하는 것이 너무 어려웠고, 쉽게 따라 할 수 있을 것이라 생각했던 것은 오산이었다. 윤재의 반응이 엄청난 변수였고 땀을 삐질삐질 흘리며 많이 당황했다. 만약 예전 같았다면 아이가 왜 이런 반응을 보일까에 대해 고민만 하고 끝냈겠지만, 비슷한 또래의 아이를 둔 엄마들 그리고 선생님과의 소통에서 조금씩 방법을 찾을 수 있었다.

작은 변화로 이렇게 아이가 즐거워하는 모습을 보니 신기하기도 하고, 이런 고민을 함께 나눌 수 있고 해결할 수 있다는 것이 얼마나 좋은지 모른다. 나처럼 어려움을 느끼거나, 같은 고민을 되풀이하다 포기하는 엄마들에게도 힘이 되어줄 수 있으면 좋을 것 같다.

3장
놀이 하브루타,
어떻게 할까?

1. 놀이 하브루타를 위한 준비

아기들의 하브루타

하브루타라고 하면 어떤 주제에 대해 질문과 대화가 오가며 논쟁과 토론이 격렬하게 이루어지는 장면이 떠오릅니다. 하지만 말을 할 수 없는 아기들에게서는 하브루타의 이미지를 떠올릴 수가 없습니다. 유대인들도 아기 때는 하브루타를 하지 않는 것일까요? 물론 유대인들에게 하브루타는 일상이지만, 아기와는 토론의 방법으로 하브루타를 하지 않습니다. 질문과 토론의 하브루타는 성숙하게 자라서 대화가 가능한 시기의 형태입니다. 1장에서 소개한 바 있듯이 아기들의 하브루타에 대해서는 이해가 필요합니다.

전성수·양동일 저자의 《질문하는 공부법 하브루타》 책에 의하면 유대인들이 가장 중요하게 생각하는 토라 구절이 '쉐마'라고 합니다. 쉐마의 내용 중에 '네 자녀에게 부지런히 가르치며'라는 구절이 있습니다. 토라를 가르치는 것에 대한 책임은 회당이나 랍비에게 있는 것이 아니라 그 부모에게 있습니다. 부모는 일상 속에서 부지런히 아이를 가르쳐야 합니다. 유대인 가정에서는 일어나자마자 쉐마를 외우고, 기도할 때마다 쉐마를 암송하며, 자기전에 반드시 쉐마를 외우고 잠을 잔다고 합니다. 문설주에 걸거나 이마에 매고 손에 감는 테필린에도 쉐마 말씀이 들어 있습니다. 일상에서 보여주고 들려주는 것입니다.

유대인의 문화에 대해 전문적으로 논할 수는 없지만, 이 책에서는 그들의 문화에서 발견할 수 있는 것을 말하고자 합니다. 유대인들의 교육 문화는 오늘날 세계적으로 인정받고 있습니다. 그들은 하브루타가 일상이라는 것을 증명하듯 뱃속의 생명과도 하브루타를 합니다. 다만 토론이 아닌 교감과 대화를 통해 하브루타를 하지요. 배를 쓰다듬으며 아기에게 말을 걸고 생각을 들려줍니다. 태아가 질문에 대답할 수는 없지만, 엄마는 질문도 들려주고 스스로 대답도 하며 아기에게 말을 걸어 줍니다. 눈에 보이지 않는 생명도 인격체로 존중하고 대화의 씨를 뿌리는 것입니다. 또한 어린 아이와도 일상에서 함께 쉐마를 외우고, 쉼 없이 이야기를 들려줍니다. 하나님의 율법이라는 커다란 문화 안에서 끊임없이 들려주고 가르치며 그들만의 문화를 만들어 가는 것입니다. 유대인들의 세상 안에는 생명에 대한 존중 그리고 공감과 소통이 깃들어 있습니다.

여기서 중요한 키워드가 '공감'과 '소통'입니다. 아기는 말로 표현하지는 않지만 엄마, 아빠와 함께하는 커다란 세계 속에서 소통하며 살아 갑니다. 이처럼 소통을 쌓아 가는 것이 아기 하브루타의 핵심으로, 이 과정을 거치고 나면 대화 형태의 하브루타가 가능합니다.

우리는 토라나 탈무드를 재료로 삼지 않을 뿐, 기본적인 방식은 같습니다. 각자 가정의 형태에 맞게 아기와 공감하고 소통하는 환경을 만들어 주면 됩니다. 아기가 눈으로 관찰할 수 있도록 시각적 환경을 만들어 주고, 교감할 수 있는 말들을 들려주며 부모와 아이의 세계를 함께 만들어 가야 합니다. 아이가 글이나 대화를 당장 이해하지 못하더라도 우리만의 방법으로 씨앗을 뿌리는 것입니다. 유대인들 또한 아기가 토라나 탈무드의 내용을 이해하기 때문에 들려주는 것이 아닙니다. 앞서 이야기했듯, 지금은 씨앗을 뿌릴 때입니다. 보고 들은 것으로 세상을 이해하는 시기인 만큼 이 시기에는 아기에게 세상을 느끼게 해 주며 소통하는 것이 아기 하브루타의 핵심입니다.

유대인들은 배움이 꿀처럼 달콤해야 한다고 말합니다. 아기가 소통하면서 세상을 배우는 과정이 긍정적으로 다가올 수 있도록 말이지요. 아기와의 소통 방법에 익숙하지 않은 초보 부모라면 이 책에서 도움을 얻을 수 있습니다. 만약 아기와 소통하는 것이 능숙하고 나름대로의 대화법에 익숙한 부모라면 그 방법을 꾸준히 하는 것을 추천합니다.

놀이 하브루타는 어떤 식으로 아기와 소통하고 공감할지 어려워하는 부모를 위해 초기에 할 수 있는 놀이 방법을 기록하였습니다. 하나씩 꾸준히 실천하다 보면 어느새 아기와 진한 소통이 되는 것을 느낄 수 있을 것입니다.

관찰이 시작되다

엄마는 라온이에게 책을 읽어 주지만, 정작 라온이는 책에 관심이 없습니다. 그림책을 팔로 휘둘러서 치는 반응만 보입니다. 엄마가 읽어 주려고 해도 옹알이만 해 대니 책을 읽어 주는 것이 영 쉽지 않습니다. 하지 말라고 하기에는 아직 7개월인 라온이가 알아듣지 못할 것이 분명합니다. 책을 가까이하는 환경의 긍정적인 효과를 알고 있는 라온이 엄마로서는 고민이 생겼습니다.

'우리 라온이는 책을 싫어하는구나. 집중을 잘 못하네.'

그런데 이 생각은 오산이었습니다. 라온이가 책을 자꾸만 두드리자, 책을 왜 저렇게 두드릴까 고민했던 엄마는 아이를 자세히 관찰해 보았습니다. 라온이의 눈길은 책 표지에 있는 강아지 그림에 꽂혀 있었습니다. 바닥에 책을 내려 놓아도 강아지 그림을 보고 있었지요. 엄마는 책을 펼쳐서 표지에 나오는 강아지를 보여 준 다음,

강아지 그림이 나오는 장면을 넘겨 가며 "멍멍" 하고 소리를 내어 보았습니다. 책 안의 강아지 그림을 손으로 쓸면서 "아, 부드럽네. 강아지 귀엽지"라고 말한 엄마는 라온이의 팔을 만지며 "우리 라온이도 귀엽지" 하고 이야기해 주었습니다. 엄마의 스킨십에 라온이가 웃음을 지어 보입니다. 라온이를 보고 있는 엄마의 입가에도 미소가 묻었습니다.

라온이는 책을 싫어했던 것이 아니었습니다. 할 수 있는 최대한의 표현이 손으로 던지거나 두드리는 것일 뿐이었습니다. 말로 자신의 생각을 표현하지 못하는 라온이로서는 몸을 격하게 움직일 수밖에 없었겠지요. 만약 라온이 엄마가 라온이를 자세히 관찰하지 않았다면 라온이에게 책을 읽어 주면서 경험한 기분을 느낄 수 없었을 것입니다. 아이가 원하는 것을 알아차리고 성공적인 소통이 이루어졌을 때, 뭉클하면서도 행복한 감정이 듭니다. 무언가 통한 것 같은 이 기분 아시나요? 엄마로서 이 순간이 참 행복하지요.

지연이 엄마도 아이를 관찰하며 새로운 사실을 알게 되었습니다. 지연이에게 그림카드를 보여 주었지만 지연이는 계속 집중을 못하고 다른 곳을 응시했습니다. 그런데 가만히 살펴보니, 지연이가 바라보고 있는 것들은 집 안의 널부러진 물건들이었습니다.

'주변이 너무 산만한가?'

엄마는 지연이의 시야가 깔끔한 주방 옆 벽면을 향하도록 앉혔습니다. 잡다한 물건도 치우고 지연이와 그림카드 놀이를 했지요. 그런데 지연이의 반응이 조금 달라졌습니다. 시계 그림카드에 엉덩이를 들썩거리며 기분 좋은 반응을 보이더니, 엄마를 바라보며 놀이에 집중하는 것입니다. 엄마는 지연이의 반응에 힘입어 입으로 '똑딱똑딱' 소리를 내어 보았습니다. 별것 아닌데도 지연이가 기분 좋은 반응을 보이자 엄마도 행복해졌습니다.

라온이 엄마와 지연이 엄마의 이야기에서 배울 점을 발견할 수 있습니다. 바로 아기의 반응을 자세히 관찰하는 것입니다. 아이의 반응을 관찰하고 그에 맞게 상황을 조절해 주자 놀이가 더 원활해졌습니다. 바람직한 소통의 예시입니다. 아이와 소통하기 위해서는 관찰이 우선입니다. '우리 아이는 집중을 잘 못해' 또는 '우리 아이는 책을 싫어해'처럼 섣부른 판단보다는 관찰이 필요하지요. 아이의 반응을 자세히 관찰한 다음, 아이의 시선이 향하는 곳을 보고 아이의 마음을 느낄 수 있으면 바라던 소통으로 이어집니다. 만약 아이와 어떻게 놀아야 할지 모르겠다면, 먼저 아이의 반응과 주변을 한번 둘러 보세요. 놀이법이라 해서 거창한 것도 아니고, 육아법이라 해서 유일무이한 방법이 존재하는 것도 아니랍니다.

놀이 전에 잠깐만요

그림카드를 아이 손에 쥐여 주지 마세요

"꿀꿀! 돼지야, 돼지."

엄마는 아진이와 놀기 위해 그림카드를 꺼내었습니다. 아진이가 '돼지'가 그려진 카드를 향해 손을 뻗으며 갖고 싶다는 마음을 강력한 몸짓으로 표현하고 있습니다. 아이의 요구를 들어주지 않았다가는 더욱 난감한 상황이 벌어질 것이 예상됩니다. 결국 엄마는 아이에게 그림카드를 주고 맙니다.

아진이는 그림카드를 입으로 가져갑니다. 무엇이든 입으로 가져가는 아진이는 그림카드도 입으로 탐색하고 싶은 눈치입니다. 엄마가 입에 넣으면 안 된다고 이야기하며 뺏으니 울어 버립니다. 다시 그림카드를 주면 또 입에 넣습니다. 다시 카드를 뺏으면 더 자지러지게 웁니다. 뫼비우스의 띠처럼 돌고 돌아 악순환이 이어집니다.

12개월 전후의 아이들은 손에 잡히는 것은 모두 입에 가져가려고 합니다. 입 주위의 자극으로부터 쾌감을 느끼는 '구강기'이기 때문입니다. 이 시기는 입으로 탐색을 많이 하는 시기입니다.

하지만 모든 것을 입으로 다 빨게 놔둬도 될까요? 세상에는 빨면 안 되는 것도 존재합니다. 그래서 엄마가 빨아도 되는 것과 안 되는 것을 구분해 주어야 합니다.

그림카드 중에서도 입에 넣어도 괜찮은 카드라면 쥐어 주어도 됩니다. 그러나 문제는 모든 그림카드가 입에 넣어도 되는 재질과 규격이 아니라는 것이지요. 아진이가 쥐었던 종이 형태의 그림카드는 일관성 있게 쥐여 주지 않아야 합니다.

아이가 신발을 입에 넣으면 "안돼. 이건 입으로 가져가는 게 아니야"라고 말해 줍니다. 할머니 댁에 있는 신발도 안 된다고 해야 하고, 우리 집에 있는 신발도 안 된다고 해야 합니다. 그러면 아이는 점차 '신발은 입에 넣지 않는 것'으로 알이 갑니다. 아이가 신발을 입에 넣으려 할 때마다 일관성있게 금지했으니까요.

그림카드도 마찬가지입니다. 어떤 때는 주고 어떤 때는 주지 않으면 아이는 혼란을 겪습니다. 그리고 엄마가 카드를 주지 않을 때에 큰 거절의 감정을 느낍니다. 처음에 단호히 대처하기 힘들더라도 아이가 그림카드는 입에 넣지 않는 것으로 받아들이게 해야 합니다. 이따금 엄마가 보지 못하는 상황에서 아이가 카드를 입으로 가져갈 수도 있지만, 괜찮습니다. 엄마가 발견했을 때 다시 제한을 해 주면 됩니다.

구강기가 끝나고 조절력이 생긴 후, 아이는 그림카드가 입에 넣는 물건이 아니라 가지고 노는 물건이라는 사실을 알게 됩니다. 그 때는 그림카드를 이용한 놀이를 다양하게 배울 수 있습니다. 그림카드를 가리키기도 하고 같은 색깔을 찾기도 합니다. 물고 빠는 게 아니라 적절한 표현으로 그림카드 놀이를 할 것입니다. 구강기인 12개월 전후에만 잠시 피해 주세요.

많은 자극보다 인상 깊은 하나의 자극이 더 중요해요

지한이에게 포도 그림카드를 보여 주자, 포도를 한 알 떼서 입에 넣는 흉내를 냅니다. 입을 오물오물 움직이며 먹는 척도 하고, 씨를 '퉤퉤' 뱉는 흉내도 내보입니다. 엄마는 그림카드의 포도를 한 알 더 따는 행동을 하고 지한이에게 "포도 줄까? '아' 해 봐"라고 말합니다. 지한이 입 가까이에 손을 가져가자 지한이가 입을 '아' 벌립니다.

이처럼 아이는 자신의 인상에 깊게 남은 경험을 행동으로 표출합니다. 아이는 특정 경험을 기억하고 생각해 내는 우수한 능력을 가지고 있습니다. 그 능력이 잘 발달되도록 놀이로 이끌어 주는 것이 중요합니다. 아이의 잠재력을 한 번에 모두 끌어낼 수는 없습니다. 천천히 하나씩 쌓아가면 됩니다. 하나를 보더라도 인상 깊게 보고, 즐겁게 느끼는 것이 중요합니다.

> **TIP**
>
> 그림카드는 일주일에 네 장씩 반복해서 보여 줍니다. 아이가 네 장 전부에 감흥을 보일 거라는 기대는 하지 않는 것이 좋습니다. 한 장이라도 즐겁거나, 무섭거나, 의미있는 기억으로 남는 것이 중요합니다.

비교하지 말고 내 아이의 사랑스러움에 주목하세요

친구의 아이가 "엄마"라고 말을 합니다. 우리 아이는 아직 말을 하지 않는데 말이죠. 같은 개월 수인데 친구의 아이는 이유식을 숟가락으로 혼자 떠 먹습니다. 우리 아이에게 숟가락을 쥐어 주니 숟가락은 던져 버리고 이유식을 얼굴에 바르기만 할 뿐입니다. 육아를 하다 보면 어쩔 수 없이 비교를 하게 됩니다.

제가 만났던 두 아이의 성장을 비교해 보겠습니다. 같은 년도에 한 달 간격의 생일 차이로 태어난 가빈이와 예린이는 6년 전부터 발달이 달랐습니다. 가빈이는 수업 시간에 집중력도 높고 끈기 있게 잘 참여했습니다. 반면 예린이는 가빈이보다는 집중력이 떨어지고 성취를 해내는 결과도 낮았습니다.

글자를 익힐 때도 차이가 있었습니다. 가빈이는 빠르게 읽는가 하면 예린이는 느리게 읽었습니다. 두 아이는 꽤 오랜 시간 발달 속도를 달리했습니다. 하지만 6살이 되자, 발달 속도는 그리 중요치 않아 보였습니다. 가빈이에 비하면 여전히 조금씩 느린 예린이지만, 예린이가 뒤처지거나 부족한 아이인 것은 결코 아니었습니다. 현재 예린이는 자신의 속도대로 글자를 읽고 책을 좋아하며 사랑스러운 아이로 자라가고 있습니다.

어느 날, 예린이는 젤리를 먹고 있었습니다. 다 먹고 마지막 젤리 하나만이 남은 상태였지요. 입에 냉큼 넣을 법도 한데, 예린이는 이 조그만 젤리를 잘라 보려고 안간힘을 씁니다. 옆에 있는 유나에게 나눠 주기 위해 자르는 것입니다. 예린이는 하나밖에 남지 않은 젤리도 친구에게 떼어 줄 줄 아는 마음이 사랑스럽고 예쁜 아이입니다.

'발달이 빠른 가빈이 : 발달이 느린 예린이'와 같이 비교의 시선으로 볼 수는 없습니다. 색깔로 비유하자면 가빈이는 빨간색, 예린이는 노란색과 같습니다. 더 빠르고 느린 아이들이 아닌 다른 색깔을 가진 아이들로 보아야 합니다. 예린이 또한 자기만의 색깔과 속도로 잘 자라고 있기 때문입니다.

예린이가 예쁘게 성장할 수 있었던 데에는 엄마의 육아 비결이 숨어 있습니다. 예린이 엄마는 예린이를 발달이 느린 아이로 바라보지 않았습니다. 친구가 뛸 때 걷는다고 한숨을 쉬지도 않았습니다. 언제나 사랑스러운 눈빛으로 예린이를 바라보았지요. 아이들을 비교하거나, 다른 아이를 부러워하느라 내 아이의 소중한 순간을 놓치지 않은 예린이 엄마였습니다.

더 빠르고 더 잘하는 것이 중요한 것이 아닙니다. 아이를 있는 그대로 바라보는 마음의 눈이 중요합니다. 우리가 비교를 해야 할 것이 있다면 '어제와 오늘 중 아이를 언제 더 많이 사랑해 주었는가'입니다. 어제보다 오늘 더 사랑해 주세요. 아이의 현재 모습은 어제까지 주었던 엄마의 사랑으로 만들어진 결정체입니다.

천천히 소통하세요
그림카드 놀이는 아이에게 무언가를 주입하기 위한 놀이가 아닙니다. 아이를 붙들어 두기 위한 놀이도 아닙니다. 아이와 엄마의 행복한 소통을 위한 놀이입니다. 이때 그림을 빨리 넘긴다거나 반응을 재촉하지 않도록 해 주세요. 엄마가 빠르게 진행하면 아이 또한 성격이 급해지고 엄마로부터 즉각적인 반응을 요구하게 됩니다. 그러면 참고 기다리는 것이 힘들어질 수 있습니다.

엄마가 느긋하게 보여 주고 아이도 천천히 반응을 보일 때 아이의 마음이 더욱 잘 드러나고 원활한 소통의 방법도 잘 알 수 있습니다. 엄마가 아이의 마음을 알아 주면 아이는 안정감을 형성합니다. '우리 엄마는 신뢰할 만한 사람이구나'라고 느끼며 안정적인 정서가 발달됩니다.

얼마나 많이 학습시키느냐가 목적이 아닙니다. 천천히 아이의 반응을 살피며 아이의 마음을 따라가는 놀이를 권합니다.

2. 놀이가 시작되다

누워서 지내는 100일 전후의 유아

생후 2개월인 시후를 향해 엄마가 딸랑이를 흔들었습니다. 그러자 누워있던 시후가 정확한 초점을 맞추지는 않아도 소리가 나는 방향으로 얼굴을 돌립니다. 이번에는 딸랑이를 오른쪽으로 옮겨서 다시 흔들어 보았습니다. 시후는 다시 딸랑이 소리가 나는 쪽으로 고개를 천천히 돌립니다.

이번에는 초점카드를 시후에게 보여 주었습니다. 시후가 한참을 바라봅니다. 그러고는 잠시 후 다른 곳으로 시선을 돌립니다. 엄마는 초점카드를 손가락으로 톡톡 두드리며 아이의 이름을 부릅니다. 그러자 시후는 엄마를 향해 고개를 돌리더니 다시 초점카드를 바라봅니다. 이처럼 생후 2개월의 아이도 소리를 들려주면 반응하고, 시각을 이용하는 것을 알 수 있습니다.

100일이 되면 전반적인 발달뿐 아니라, 일상에서 나타나는 반응도 달라집니다. 보통 100일이 되기 전까지는 아기가 밤에 잠을 자다 깨기를 반복합니다. 그러다 보니 엄마는 늘 잠이 부족한 시기지요. 저 또한 수시로 젖을 먹이고 뒤척이는 아기를 밤새 지켜보느라 잠이 늘 부족했습니다. 낮에 아기가 잘 때 엄마도 함께 잠을 자 두라는 조언도 들었지만, 저에게는 불가능한 일이었습니다. 낮에 할 일이 많아 잠을 자는 게 쉽지 않았기 때문입니다. 그렇게 늘 수면 부족 상태의 연속이었고, 아기가 밤에 통잠을 자는 날만 손꼽아 기다렸습니다. 보통 100일이 되면 통잠을 자고 아기가 달라진다하여 다들 '기적의 100일'이라 했지요. 제대로 잠을 잘 수 있는 날만을 고대하며 드디어 100일이 되었습니다.

기적은 일어나지 않았습니다. 하지만 그 무렵이 되니 아이의 반응에 변화가 나타났습니다. 아이는 엄마가 하는 말을 꽤 잘 알아들었고, 엄마가 말을 걸면 반색하며 환하게 웃기도 했지요. 옹알이도 어찌나 열심히 하는지 마치 엄마가 하는 말에 대답하듯 반응을 보였습니다. 모유 수유 때문에 자주 깨기는 했지만 수면 시간도 전보다 길어졌고 낮잠 시간, 놀이 시간, 수유 시간이 점점 규칙적으로 잡혀 갔습니다. 집중력도 늘어난 것인지 사물을 관찰하면서 보내는 시간도 많아졌습니다.

100일 이전에는 잠과 모유 수유로 사투를 벌였는데, 이제는 뭔가를 아는 눈빛 때문에 새로운 고민이 시작되었습니다.

"엄마, 나 심심한데 뭐 좀 놀아 줄 게 없나요?"

눈을 말똥말똥 뜨고서 말을 거는 것 같습니다. 아이와 어떻게 놀아 주어야 할지 고민이 시작되는 시기입니다.

　도아처럼 두 달 일찍 태어난 아기들도 100일 전후에는 눈으로 보고 소리를 들려주는 놀이가 필요합니다. 여덟 달 만에 양수가 터지고 자궁이 열리는 상황은 의술로도 막을 수 없었습니다. 자가 호흡을 할 수 없을지도 모른다는 의사 선생님의 말씀을 듣고 울기도 많이 울었던 도아 엄마입니다. 도아 엄마는 아이가 일찍 태어난 것이 본인의 잘못인 것 같아 늘 미안한 마음이었습니다.

　그런데 그렇게 태어났던 도아가 그림카드의 달인이 되었습니다. 누워 있는 도아는 엄마가 보여 주는 그림카드를 참 잘 관찰합니다. 엄마가 그림카드를 옆으로 천천히 움직이면 도아의 눈동자가 그림카드를 따라 움직입니다. 엄마는 그림카드를 반대편 방향으로 다시 천천히 움직여 봅니다. 이번에도 도아는 '얼룩말' 그림카드에 눈을 떼지 못하고 시선이 따라옵니다. 히죽히죽 웃기도 하고 발을 바둥거리기도 합니다. 기분 좋은 도아의 반응에 엄마의 기분도 좋아집니다.

　얼룩말 그림카드를 내려놓고 엄마가 "얼룩말" 하고 말을 들려주니 도아가 엄마의 입 모양을 보고 웃습니다. 다음으로는 "따그닥따그닥, 얼룩말" 하고 재미있는 의성어를 넣어 말해 주었습니다. 엄마와의 놀이가 좋은지 도아가 발을 바둥바둥 움직입니다. 이번에는 엄마가 "얼룩말이 따그닥따그닥 달리기를 해요" 하고 완성된 문장을 들려 줍니다. 도아는 대답이라도 하듯 옹알이를 합니다. 기분이 좋은 도아에게 얼룩말 그림을 다시 한번 보여 줍니다. 도아와 엄마는 그림카드 하나로도 충분한 대화를 할 수 있었습니다.

일찍 태어난 아이에게도 시각과 청각을 자극해 줄 수 있는 놀이가 필요합니다. 뱃속에서 발달이 덜 된 부분이 있다면 태어나서 발달을 도와주면 됩니다. 감각을 자극하는 놀이는 아이의 발달에 큰 도움을 줄 수 있습니다. 100일 전후의 아이가 누워만 있다고 해서 아무것도 모르는 것은 아닙니다. 시각과 청각을 이용할 수 있을 뿐 아니라 입으로 빠는 행동을 통해서도 맛과 형태를 탐색하지요. 냄새와 피부 감각을 통한 반응도 보입니다. 이처럼 아이들은 감각 자극을 통해 두뇌 회로를 발달시킬 수 있고, 점차 성숙해질 수 있습니다. 100일 전후는 놀이가 시작되어야 하는 시점입니다.

이렇게 놀아 보세요

책 놀이

준비물
보드 형태의 그림책, 빨래 집게

놀이 방법
① 기분 좋은 목소리로 책 내용을 읽어 준다. 모든 내용을 읽어 주지 않아도 된다. 책을 읽는 상황을 즐겁게 느끼도록 하고, 책을 좋아할 수 있는 환경을 만들어 준다.

② 책을 세운 후, 책 페이지의 한 장을 빨래 집게로 집어서 그 부분을 기준으로 두 공간으로 나누어지게 한다.

③ 왼쪽과 오른쪽 공간에 각각 인형을 두어 아이가 책을 흥미롭게 느끼도록 한다.

④ 책을 눕혀서 ③과 같이 분리된 공간에 인형을 둔다. 세우고 눕히는 것에 따라 다양한 형태를 경험할 수 있다.

⑤ 인형이 올려진 채로 책을 옆으로 돌린다. 이때 아이는 인형이 사라졌다가 다시 나타나는 것을 바라보게 된다. 책을 옆으로 돌릴

때는 천천히 돌리도록 한다. 아이가 책을 돌리는 놀이에 흥미를 보이지 않으면 낮은 목소리로 "부웅" 또는 "돌려"라고 말을 하여 소리로 흥미를 끈다.

⑥ 엄마가 느끼는 기분이나 인형의 크기 등 아이에게 다양한 이야기를 들려 준다.

그림카드 놀이

준비물
'수박'이 그려진 그림카드 (줄무늬가 있는 껍질과 자른 단면이 보이는 그림을 선택한다.)

놀이 방법
① 수박이 그려진 카드를 들고 입을 벌려 먹는 흉내를 낸다. 씨를 "퉤 퉤" 하고 뱉는 흉내를 낸다. 가능한 실감 나게 수박을 먹고 씨를 뱉는 흉내를 낸다.

② 엄마는 아무런 말도 하지 않고 그림카드를 아이에게 보여 준다. 소리의 방해 없이 집중을 유지하여 그림만 보게 한다.

③ 엄마의 얼굴 옆으로 그림카드를 들어 아기가 엄마의 얼굴과 그림 카드를 동시에 볼 수 있도록 한다. 그리고 엄마는 다시 수박 먹는 흉내를 낸다.

④ 이때 아이의 반응을 관찰한다. 그림카드와 엄마의 얼굴 중 어느 곳에 더 흥미를 느끼는지 아이의 눈동자를 관찰하면 알 수 있다.

준비물
'원숭이'가 그려진 그림카드 (얼굴 표정을 느낄 수 있는 원숭이 그림을 선택한다.)

놀이 순서
① 원숭이 그림카드를 들고 "끼끼끼!" 소리를 낸다.

② 그림카드를 내려서 보이지 않게 한 다음, 엄마가 원숭이 그림의 표정을 흉내 낸다. "앗, 깜짝이야. 놀랐잖아!" 또는 "앗, 내 바나나 가 없어졌다!" 등 원숭이의 놀란 표정과 어울리는 말을 들려준다.

③ 분명하고 또박또박한 발음으로 '원숭이'라는 단어를 들려준다. 이 때 아이가 가능한 즐겁게 받아들일 수 있도록 재미있는 목소리로

말하고 반복적으로 말해 준다. 엄마의 흉내 내기와 단어 들려주기를 통해 아이가 그림을 더 흥미롭게 받아들이도록 한다.

영상으로 놀이법을
만나 보세요!

이런 점이 궁금해요

Q 책을 읽어 줄 때에는 반응을 보이는데, 책 놀이에는 관심이 없어요. 어떻게 하면 좋을까요?

A 아직 책으로 놀이를 하는 것이 익숙하지 않아서 관심이 없을 수 있어요. 아기가 태어나 처음 집에 왔을 때에는 집이 낯선 공산이었지만 점차 익숙한 공간으로 받아들이듯 책을 이용한 놀이도 지속적으로 경험하면 익숙하게 느낄 수 있습니다. 우리가 가지는 경험 대부분은 처음 접하고 차차 익숙해지는 과정을 거칩니다. 아이가 책을 다양한 형태로 보는 데 익숙해질 때까지 놀이 환경을 제공해 주세요.

혹여 아이가 관심이 없다고 해서 멈추거나 더 강한 자극을 제공하지 않아야 합니다. 강한 자극을 제공하면 갈수록 자극의 수위를 점점 높여야만 관심을 가지게 됩니다. 점차 산만한 반응이 나타날 수도 있지요. 심심한 듯이 약한 자극의 환경에 익숙해야 일상의 작은 반응에도 관심을 보이고 호기심과 민감성도 기를 수 있습니다.

Q 누워 있는 아기에게 책을 보여 줄 때 어떤 자세로 보여 주면 좋을까요?

A 아기가 편안한 자세로 누워서 고개를 옆으로 돌리면 볼 수 있는 환경을 마련해 주세요. 너무 가까이서 보지 않도록 30센티미터 정도의 거리를 두고 시선을 약간 아래로 향할 수 있게끔 해 주세요.

Q 다른 카드를 볼 때는 미소를 지었는데, 원숭이와 돼지 카드가 나왔을 때 흉내를 내니 입을 삐죽거리며 울음을 터뜨렸어요.

A 아기들은 느낌으로 현상을 받아들여요. 원숭이와 돼지 그림에 무섭거나 불편한 느낌을 받은 것 같아요. 하지만 운다고 해서 무

조건 나쁜 반응은 아닙니다. 우리도 살아가다 보면 즐거운 기분만 느끼는 것이 아니듯 아이도 즐거운 경험만 하는 것은 아닙니다. 무섭기도 하고 불안하기도 하지요. 아기도 다양한 감정을 느낀다는 사실을 받아들이세요. 흐린 날씨도, 맑은 날씨도, 비오는 날씨도 경험하듯 무서운 기분을 느껴보는 것도 의미 있습니다.

이 반응을 통해 알 수 있는 것은 그림카드가 아이에게 의미 있게 와 닿았다는 것입니다. 아이가 느끼는 정확한 감정의 종류를 알 수는 없으나 아기가 어떠한 느낌을 전달받았다는 것은 확실히 알 수 있습니다. 이처럼 다양한 경험이 아이의 뇌를 자극하게 됩니다.

"원숭이가 무서웠구나. 이 그림카드에서 다른 그림도 볼까? 수박 그림을 보여 줄까?"외 같이 말하며 아이의 감정을 읽어 주고 다른 그림으로 넘어가거나, 시간이 지난 뒤에 다시 보여 주는 등 적절한 조절을 해 주면 됩니다. 아기는 자신의 감정을 따뜻하게 헤아려 주는 엄마를 통해 안정감을 느낄 것입니다.

놀이 후 아이의 반응을 기록해 보세요.

궁금한 점 또는 어려운 점을 이야기해 보세요.

③. 뒤집기 놀이 하브루타

뒤집어진 세상

"으랏차차! 와, 질했다."

아기가 옆으로 몸을 반쯤 세운 채 안간힘을 쓰고 있습니다. 엄마가 손으로 살짝 밀어주면 수월하게 뒤집을 수 있을 것 같지만, 엄마는 애써 참습니다. 도와주고 싶은 마음을 꾹 참고 지켜보는 엄마도 아기만큼이나 온몸에 힘이 들어갑니다.

손가락, 발가락까지 안간힘을 쓰는 아기의 사투가 벌어집니다. 숨 막히는 1분이 지나고 '으랏차차!' 드디어 뒤집었습니다. 그런데 아직 끝난 것이 아닙니다. 아직 한쪽 팔이 배에 깔려 있습니다. 나머지 한쪽 팔을 배 밑에서 꺼내 놓기 위해 아기는 또 안간힘을 씁니다. 팔과 다리를 허우적대더니 드디어 팔까지 꺼내었습니다. 첫 뒤집기를 성공하는 순간입니다. 이렇게 대견할 수가 있을까요? 국가대표 선수들이 금메달 따는 것 만큼이나 힘든 싸움이었습니다. 기분 또한 금메달을 딴 것 마냥 기쁩니다.

뒤집기 성공을 대견하게 지켜보는 엄마와 아빠처럼 아기도 기쁠까요? 그렇지는 않은가 봅니다. 누군가 억지로 시켜서 뒤집은 것도 아닌데 힘들다고 징징거립니다. 아이의 입장에서는 성취감을 느끼기보다 뒤집어진 세상에 놀란 것이 아닐까 싶습니다. 등을 대고 누워 있을 때 쓰던 근육이 아니라, 쓰지 않았던 배의 근육을 사용해야 한다는 사실을 몰랐을 것입니다. 또한 누워서 보던 것들이 이제는 뒤집혀서 보입니다. 천장은 사라지고, 베고 있던 이불 풍경이 눈앞에 보이지요. 그런데 아이에게는 이렇게 새로운 환경을 느껴본 경험이 이미 있습니다.

처음 세상에 태어나던 날.

뱃속과는 너무도 다른 바깥 세상을 만났던 경험이 있지요. 아이는 10개월 평생 미지근한 양수에서 살다가 너무도 다른 방법으로 숨을 쉬었고, 피부에 닿는 이상한 공기도 경험해 보면서 파격적인 환경에 적응해 낸 존재입니다. 그래서 아기를 믿어주면 됩니다. 달라진 세상에 또 적응해 낼 거라고 믿어 주세요. 아기는 내 곁에서 언제나 나를 지지해 준 엄마가 있다는 것을 알고 있습니다. 그러니 뒤집기 후의 세상도 적응해 낼 수 있답니다.

또한 달라진 세상에 적응을 해야 하는 것은 아기뿐만이 아닙니다. 엄마도 마찬가지지요.

'이제 살펴야 하는 것이 더 늘어나겠네.'

첫 아이가 뒤집기를 성공했을 때, 우리 집도 금메달을 딴 것 마냥 축제가 벌어졌습니다. 하지만 새로운 걱정도 시작되었습니다.

'아기가 뒤집었는데 목을 못 가누어 질식하면 어떡하지?'

엄마는 아기가 위험에 처하는 상상을 하며 긴장 속에 빠집니다. 그런데 아기는 엄마의 상상 속 일을 현실로 만들 만큼 약한 존재가 아닙니다. 힘들어도 목을 가누어 내고, 혼자서 도저히 안 되겠다 싶을 때에는 울음으로 엄마에게 신호를 보내지요. 자, 이제 아기와 엄마가 함께 뒤집어진 세상에 적응해 나가는 일이 기대가 됩니다.

그런데, 초보 엄마들은 과연 아이의 뒤집기 과정을 유연하게 잘 보냈을까요?

'우리 아기는 왜 뒤집기를 하지 않을까?'

'혹시 무슨 이상이 있는 걸까?'

'다른 발달도 느리면 어떡하지?'

뒤집기가 늦은 아이들의 엄마들은 걱정이 됩니다. SNS에서 다른 아기들의 뒤집기 영상이 보일 때마다 엄마의 마음에 조급함이 올라옵니다. 고작 뒤집기 하나일 뿐인데 '내가 무얼 잘못했나' 하고 자책하기도 합니다. 모든 게 엄마의 잘못인 것만 같고, 얼른 뒤집기

에 성공해야 빠른 세상에 뒤처지지 않고 따라갈 수 있을 거라는 생각이 듭니다,

하지만 주하 엄마는 오히려 빠른 뒤집기를 경계하지 못했던 것이 후회된다고 합니다. 주하는 86일째에 뒤집기를 했습니다. 뒤집기가 빨랐던 만큼, 기는 것은 물론 잡고 서는 것도 빨랐습니다. 주하의 할머니, 할아버지는 손자의 빠른 발달을 자랑스러워했습니다. 6개월의 손자가 물건을 잡고 서서 한 발짝씩 움직이는 영상을 친구들에게 보여 주었습니다.

"요즘 애들은 다들 이리 빠르네."

할머니와 할아버지는 자식 자랑이 아닌 손자 자랑을 하는 기쁨이 컸다고 합니다. 발달이 빠른 손자가 집안의 훌륭한 인물이 될 거라며 좋아했습니다. 그런데 주하 엄마는 점점 힘들어지는 주하의 육아가 뒤집기부터 시작된 것 같다고 합니다. 주하는 뒤집기를 반복하더니 배를 밀어 앞으로 나가는 것도 힘들이지 않고 해내었습니다. 그때부터 주하의 전진 본능은 시작되었습니다. 눈앞에 보이는 것을 잡기 위해 전진하고, 기저귀를 갈려고 해도 가만 있지를 않아 곤욕을 치러야 했습니다.

그러던 어느 날 주하는 쇼파를 잡고 서는 것을 시작으로, 어디든 올라가기 위해 안간힘을 썼습니다. 그러다 보니 다치는 것도 부지기수였습니다. 주하 엄마는 주하에게서 한시도 눈을 뗄 수가 없었다고 합니다. 그러면 안 되는 것을 알지만 엉덩이에도 몇 번 손이 갔지요. 그럴 때면 아이는 더 자지러지게 울었고, 엄마도 따라 울고

싶은 날이 많았습니다.

책을 보여 주는 것은 생각도 할 수 없었습니다. 가만 앉아 있어야 말이죠. 할머니, 할아버지께서 훌륭한 아이로 자라라고 사 주신 책은 장식처럼 꽂혀있었습니다. 책이 책장 밖으로 나가는 것은 읽을 때가 아니라 바닥에 내던지는 놀이를 할 때뿐이었습니다. 성격도 너무 급해서 뭐든 빨리 주지 않으면 소리를 질러댑니다. 주하의 재촉에 더 빨리 아이의 비위를 맞추어야 하는 엄마는 매번 정신이 없었습니다. 주하는 신체 발달이 빠른 것과 동시에 자신감도 넘쳤습니다. 천천히 살피거나 자신의 몸을 조절하는 모습은 찾아보기 어려웠지요. 이와 같은 아이의 특성 때문에 함께 그림카드 놀이를 하는 것도 힘들었습니다. 발달은 빠르지만 오히려 책을 싫어하는 주하를 보면서 엄마는 이렇게 이야기합니다. "신체 발달이 빠른 것과 똑똑한 것은 거리가 먼 것 같아요." 늦은 뒤집기로 엄마의 마음이 조급해지는 경우도 있지만, 주하처럼 너무 빨라서 엄마가 힘든 경우도 있습니다.

아이는 저마다의 속도대로 자라가고 있습니다. 가르쳐 준 것도 아닌데 뒤집기를 하고, 배를 밀어 앞으로 나아가기도 하고, 한 발짝 떼며 걸어갑니다. 이 모든 과정은 자연적이고 자발적으로 일어납니다. 엄마가 조급하다고 해서 빨라지는 것도 아니며, 빠르다고 해서 늦추어지지도 않습니다.

최근 인스타그램에서 '첫 뒤집기'라는 해시태그를 검색해 보았습니다. 엄마들이 기록한 뒤집기 날짜들을 정렬해 보니 날짜의 폭이 컸습니다.

85일, 86일, 89일, 90일, 93일, 96일, 98일, 99일, 100일, 104일, 110일, 113일, 114일, 115일, 116일, 117일, 118일, 119일, 120일, 123일, 124일, 128일, 131일, 132일, 134일, 136일, 141일, 147일, 150일, 152일, 160일…

이른 아기는 100일도 안 되어 뒤집기를 하지만, 늦은 경우는 6개월에도 뒤집기를 합니다. 아기는 조급하고 불안해하는 엄마의 마음을 느낍니다. 대부분의 시간을 함께 보내는 존재이기 때문에 자연스럽게 마음이 전달되지요. 하지만 엄마의 마음 속에는 조급한 마음만 있는 것이 아니라 아이를 믿어 주고 인내하는 마음도 공존합니다.

네가 준비가 되면 뒤집을 거라 믿어. 언제든 마음껏 성장하렴. 엄마는 네가 자라가는 것을 신비롭게 보고 있단다. 그것만으로도 행복해.

아기는 엄마의 이런 마음을 느낄 수도 있습니다. 여러 가지 마음이 함께 있다면 어떤 마음을 더 많이 꺼내 볼까요? 아이가 엄마의 신뢰를 느낄 수 있도록 편안한 미소를 지어 보세요.

책 놀이

준비물
보드 형태의 그림책과 끈

놀이 방법
① 기분 좋은 목소리로 책 내용을 읽어 준다. 만약 아이가 흥미를 가지지 않을 때에는 그림의 특징을 집어서 단어나 이야기를 들려주는 것도 좋다.

> 예시) "여기에 팔랑팔랑 나비가 날아오네."
> "나비가 개구리를 만나러 갔구나."

② 끈을 이용하여 끌기 놀이를 한다.
- 끈을 책 사이에 끼운다.
- 책에 끼워진 끈을 당겨 책을 움직인다.
- 가능한 천천히 움직이도록 한다.

책을 따라 아이의 시선이 옮겨가도록 책을 끌어 준다. 아이의 시야가 닿는 거리 내에서 오른쪽 끝부터 왼쪽 끝까지 움직인다.

③ 아기가 흥미를 잃어 갈 즈음에 인형을 책 위에 올린다. 인형의 움직임을 통해 아이의 흥미를 다시 부추길 수 있다.

④ 끈을 이용해 그네 놀이를 한다.
- 끈을 들어 올려 책이 걸린 상태에서 천천히 흔든다. 책은 그네가 움직이듯 흔들리게 되며, 움직이는 형태를 아기가 관심을 갖고 볼 수 있도록 한다.

이때, 책이 과격하게 흔들리지 않도록 주의한다. 책 놀이를 통해 자기 신체를 조절하고 사물을 깊게 관찰할 수 있다.

⑤ 책이 걸린 끈을 엄마가 숄더백이나 크로스백처럼 어깨에 멘다. 아이는 엄마가 메고 있는 책에 관심을 가지게 된다.

※ 아기를 키우다 보면 목걸이, 귀걸이를 할 수 없습니다. 아기가 엄마의 귀걸이, 목걸이에 흥미를 갖고 잡아 당기기 때문이지요. 이처럼 아기는 엄마가 몸에 걸치고 있는 물건에 관심을 갖습니다. 엄마가 계속 핸드폰을 들고 있으면 핸드폰에 관심을 가지고, 리모컨을 자주 들고 있으면 리모컨에 집착합니다. 이 점을 이용하여 엄마의 몸에 아이의 흥미를 끌 수 있는 것을 걸쳐 보는 놀이입니다.

그림카드 놀이

준비물
'사자'가 그려진 그림카드 (표정이 잘 드러나는 카드로 선택한다.)

놀이 방법
① 사자 그림카드를 들고 "어흥" 하는 소리를 들려준다.

② 그림카드가 보이지 않도록 내려놓고, 엄마가 사자 그림의 표정을 흉내 내며 말을 들려준다.

"내 과자 엄마가 먹었지?" 또는 "아빠, 일찍 들어오세요" 하고 사자가 말하듯이 무서운 목소리로 들려준다. 이때, 말의 정확한 의미를 전하지 않아도 된다. 사자의 표정과 목소리를 느낌으로 전달하면 충분하다. 아이는 설명이 아닌 느낌으로 그림을 이해하기 때문이다.

③ 분명하고 또박또박한 발음으로 카드 속 동물의 이름을 들려준다. 가능한 즐겁게 받아들일 수 있도록 말하고 반복적으로 말해 준다. 그 밖에도 사자에 관한 특징이나 엄마의 경험을 들려주면 좋다.

④ 빨래 집게로 그림카드를 집어서 세워 둔다. 아기가 고개를 들고 배 힘으로 버티고 있을 때 그림카드를 볼 수 있도록 한다.

준비물

'물'이 단일하게 그려진 카드를 선택한다.

놀이 순서

① 물 그림을 들고 '벌컥벌컥' 마시는 흉내를 낸다. 가능한 실감나게 물의 느낌을 표현하는 것이 좋다.

② 아무 말 없이 '물' 그림카드를 들고 아이에게 보여 준다. 소리의 방해 없이 시각을 통한 집중을 유지하여 그림을 관찰하게 한다.

③ 엄마 얼굴 옆으로 그림카드를 붙여서 들고, 아기가 엄마 얼굴과 그림카드를 동시에 볼 수 있도록 한다. 그리고 엄마는 ①에서 했던 물 먹는 흉내를 낸다.

④ 이때 나타나는 아이의 반응을 관찰한다. 그림과 엄마의 얼굴 중 어느 곳에 더 흥미를 두는지, 혹은 엄마 얼굴과 그림카드를 번갈아 가면서 보는지 아이의 반응을 관찰한다. 아이는 더 흥미로운 곳에 자신의 시선이 머문다는 사실을 깨달을 수 있을 것이다.

⑤ 빨래 집게로 그림카드를 집어서 세워 둔다. 아기가 고개를 들고 배 힘으로 버티며 그림을 볼 수 있도록 환경을 만들어 준다.

이런 점이 궁금해요

Q 아이가 집중해서 그림책을 보는데 엄마의 목소리가 집중을 방해하는 것 같다는 생각도 들어요. 그림책 관찰이 끝난 후에 글자를 읽어 주는 게 좋을까요, 그림을 보는 도중에 읽어 주는 게 좋을까요?

A 아기가 그림을 자세히 살피고 탐색하고 있을 때에는 충분히 볼 수 있도록 방해하지 말고 기다려 주세요. 만약 아기가 눈길을 다른 곳으로 돌리는 등 흥미가 떨어진 반응일 때는 다시 그림을 읽어 주거나 그림책을 끈으로 끌어 흥미를 갖게 해 주세요. 아이의 반응을 관찰하여 눈으로 집중할 때는 시각으로 충분히 볼 수 있도록 기

다려 주고, 그 외에는 그림과 관련된 다양한 이야기를 들려주면서 흥미를 끌어 주세요. 보는 것과 듣는 것을 관찰하여 아기의 반응에 따라 조절해 보세요.

Q 책 놀이 후 크기가 다른 책을 비교해서 보여 주고, 아이가 직접 끈을 당겨 보게 해 주었어요. 혹시 너무 산만한 활동인가요?

A 너무 좋은 아이디어예요. 엄마의 응용력이 놀랍습니다. 이러한 활동으로 아이는 큰 책과 작은 책의 움직임이 다르다는 것을 느낄 수 있어요. 아이가 직접 당기도록 하며 참여를 유도하는 것도 좋은 감각 훈련이 될 수 있지요. 먼저 눈으로 크기가 다르다는 것을 알게 되고, 이후 손으로 당기면서 무게가 다르다는 것도 경험하게 된답니다.

놀이 후 아이의 반응을 기록해 보세요.

궁금한 점 또는 어려운 점을 이야기해 보세요.

4. 배밀이 놀이 하브루타

젖먹던 힘까지

"엉금엉금 기어서 가자."

뒤집기가 수월해진 아이가 배밀이를 시도했습니다. 분명 매트 위에 엎드린 채로 두고 부엌에 잠깐 다녀왔는데 아이는 어느새 매트 끝자락까지 나와 있었습니다. 몇 걸음 되지 않는 거리지만, 아이가 혼자서 밀고 가다니! 믿기지가 않아서 장난감을 아이 앞에 놓아 보았습니다. 그러자 아이는 정말로 혼자 움직여 장난감을 가지러 왔습니다. 바닥에 배를 대고 발가락 끝을 힘껏 밀었습니다. 그야말로 젖 먹던 힘, 응가하던 힘까지 전부 동원합니다. 뜻대로 되지 않자 우는가 싶더니, 밀고 또 밀어서 결국에는 장난감을 입에 넣습니다. 이처럼 엎드려서 몸을 들어 올리고 팔다리를 움직이는 배밀이 단계는 근육 발달을 위해서도 중요한 단계입니다.

뒤집기를 성공한 후 기특함에 엉덩이를 두드려 준 게 엊그제 같은데, 금세 배밀이까지 할 정도로 아이는 급격히 성장합니다. 가르쳐 주지 않아도 혼자서 뒤집고 배밀이를 하는 아이가 마냥 예쁘고 기특하지요.

배밀이 시기에는 두드러지게 나타나는 특징이 있습니다. 배밀이 시기의 아이는 엄마나 아빠 또는 흥미로운 사물을 발견하면 목표를 향해 전진합니다. 그러다 목표가 눈에 보이지 않으면 미련 없이 방향을 바꾸지요. 사물이 무언가에 가려져 있을 거라고는 생각하지 않기 때문입니다.

배밀이 시기의 아기는 부엌으로 간 엄마가 보이지 않으면 울어 버립니다. 엄마가 애써서 소리를 들려주고 "엄마 금방 갈게. 우유 가지고 갈게"라고 말해도 울음은 멈추지 않습니다. 그 이유는 엄마가 눈앞에서 사라졌지만 다른 곳에 있다는 것을 알지 못하기 때문입니다. 엄마가 곧 나에게 온다는 사실을 인지하지 못하기 때문에 아기는 불안합니다.

이는 대상 영속성이 발달하지 않아서 나타나는 반응입니다. 대상 영속성은 사물이 가려지면 방해물이 그것을 가리고 있다는 것을 알고 방해물을 제거하여 사물을 발견할 줄 아는 능력입니다. 대상 영속성을 발달시키기 위해서는 '까꿍 놀이'가 도움이 됩니다. 까꿍 놀이는 눈앞의 물체를 없앴다가 다시 보여 주면서 아이의 흥미를 얻는 놀이입니다. 흔히 손바닥으로 얼굴을 가렸다가 잠시 후 "까꿍" 하고 보여 주는 놀이로 알려져 있지요. 이 놀이를 그림책과 그림카드에 활용하면 더욱 흥미롭게 놀 수 있습니다.

아이와의 까꿍 놀이에 하브루타를 동반하면 상호 작용력을 높일 수 있습니다. 대상 영속성의 개념도 "엄마는 어디에 있지?", "토끼가 어디로 갔나?"와 같은 질문을 이용해 들려줍니다. 그러면 아기는 마치 엄마의 말을 알아듣는 듯이 가려진 책의 뒷부분을 보기 위해 고개를 기우뚱합니다.

주하의 경우, 책을 이용해 만든 빈 공간을 가리키며 "오리가 어디 있지?" 하고 물으니 고개를 책 안으로 기울여 보입니다. 엄마의 말을 이해하고 반응하는 것입니다. 예성이에게는 그림카드로 곰 인형을 가리며 "예성아, 곰이 어디 갔지?" 하고 물으니 그림카드 뒤를 빼꼼히 바라봅니다. 엄마가 표현한 말에 적절한 행동으로 반응하는 아이를 보면 일방적인 놀이가 아니라, 서로 주고받는 놀이를 한다는 느낌이 듭니다. 또한 까꿍 놀이는 언어 이해력을 기를 수 있을 뿐더러, 아이가 직접 움직이기 때문에 소근육 발달에도 도움을 줄 수 있습니다. 놀이를 지속하다 보면 기억력도 발달하게 되지요.

이렇게 놀아 보세요

명화카드 놀이

준비물

명화카드 중 클레 〈세네치오〉, 고갱 〈아레아레아〉, 고흐 〈해바라기〉, 레오나르도 다빈치 〈모나리자〉

놀이 방법

① 눈을 동그랗게 뜨고 클레 〈세네치오〉 그림을 흉내 내며 아기한 테 엄마의 표정을 보여 준다.

② 클레 〈세네치오〉 그림을 보여 준다. (시각 자극)

③ 엄마의 얼굴과 클레의 〈세네치오〉를 동시에 보여 준다.

④ "멍멍" 하고 개 짖는 소리를 들려준다. "어디서 소리가 났지?" 하 고 말을 들려준다.

⑤ 고갱 〈아레아레아〉 그림 뒤에 엄마 얼굴을 숨기고 개 짖는 소리 를 다시 들려준다. (청각 자극)

⑥ 엄마의 얼굴과 고갱 〈아레아레아〉 그림을 동시에 보여 준다.

⑦ 고흐 〈해바라기〉그림을 코에 대고 향기를 맡는 흉내를 낸다. (후 각 자극)

⑧ "고흐 아저씨는 고갱 아저씨를 기다리며 설레는 마음으로 해바라 기를 그렸대" 하고 그림에 대한 이야기를 들려준다.

⑨ 레오나르도 다빈치의 〈모나리자〉를 보여 주며 "엄마 손등을 문 질러 줄까? 엄마 손은 부드럽네. 우리 아기 손도 문질러 보자"라 고 이야기를 들려준다. 동시에 모나리자의 손을 문지르고 아이의 손을 문지르면서 스킨쉽을 한다. (촉각 자극)

※ 모나리자를 엄마라고 호칭한다. 실제 엄마가 아니라 그림 속의 인물 이지만 아기와 친숙한 단어를 사용하여 제시하면 그림에 더 흥미를

가진다. 그림에 대한 정확한 정보는 아이가 자랐을 때 제공해 주어도 무방하다.

※ 명화를 단순히 눈으로만 보는 것에서 그치지 않고 시각, 청각, 촉각, 후각 등 다양한 감각을 자극하면서 아이와 소통할 수 있다.

그림카드 놀이

준비물
각 신체 부위가 단일하게 나타나는 그림카드, 스티커

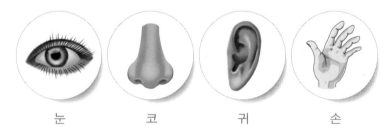

눈   코   귀   손

놀이 방법
① 아기의 귀를 부드럽게 만져 준다.
　"우리 아기 예쁜 귀가 있네."

② "엄마도 여기 귀가 있지"라고
　말하며 엄마의 귀에 스티
　커를 붙인다. 아이는 스
　티커에 집중하며 자연
　스레 엄마의 귀 부분을
　바라보게 된다.

③ '귀'가 그려진 그림카드에도 스티커를 붙인다.

④ 엄마의 귀와 그림카드의 귀를 동시에 보여 준다.

⑤ 아기의 코를 부드럽게 만지며 코와 관련된 이야기를 들려준다.
　 "우리 아기 예쁜 코가 있네. 코로 숨도 쉬고 향기도 맡을 수 있지."

⑥ "엄마 코도 여기 있네" 하며 엄마의 코에 스티커를 붙인다.

⑦ 엄마의 코와 그림카드의 코를 동시에 보여 준다.

⑧ 아기의 손을 어루만져 준다.

⑨ 엄마의 손을 보여 준 후, 엄마의 손에 스티커를 붙인다.

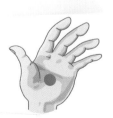

⑩ 엄마의 손과 손이 그려진 그림카드를 동시에 보여 준다.

⑪ 아기의 눈을 만져 준다. "눈"이라고 말해 주고 눈과 연관된 말을 들려준다.

⑫ 엄마의 눈에 스티커를 붙인다.

⑬ 엄마의 눈과 그림카드의 눈을 동시에 보여 준다.

※ 같은 부위는 스티커 색상을 동일하게 붙인다. 예를 들어, 귀 그림카드에 빨간색 스티커를 붙일 경우 실제 귀에도 빨간색 스티커를 붙인다. 같은 색깔을 붙임으로 인해 그림과 실물이 같다는 것을 전달한다.

이런 점이 궁금해요

Q 책에 비해 명화카드 놀이에 많이 집중을 못하고 흥미를 못 느끼는 것 같아요. 명화를 보여 주는 종이의 문제일까요, 아니면 아이들이 명화 자체에 흥미를 못 느끼는 걸까요?

Ⓐ 아이는 색깔이 선명하거나 대비되는 색깔이 있는 그림책에 더 시선을 둡니다. 선명한 그림책에 비해 명화는 초점을 맞추기 어렵습니다. 이때 스티커를 활용하면 초점을 명화에 두도록 도울 수 있습니다. 처음에는 낯설기도 하고 초점이 또렷하게 잡히지 않아서 응시하기 어려워도 지속적으로 명화카드를 보여 주면 흥미를 보일 것입니다. 그림카드도 같은 종이지만 잘 보는 반응으로 알 수 있듯이 종이의 문제는 아닙니다.

12개월 이전 아이는 주변의 물을 흡수하는 스펀지와도 같습니다. 환경에 영향을 많이 받는 시기이기 때문에 명화카드를 보여 주는 환경을 지속하면 명화카드를 통한 긍정적인 교육 효과를 얻을 수 있습니다. 꾸준히 보여 주세요. 집중력을 유도하는 또 다른 방법으로는 주변 환경을 정돈하는 것도 있습니다. 아이의 시야에 명화카드보다 더 흥미로운 것들이 많이 보이면 집중하여 보는 것이 어렵기 때문입니다. 명화카드 놀이로 소통이 잘 되지 않는다고 느낄 때에는 환경을 점검해 보는 것도 필요합니다.

놀이 후 아이의 반응을 기록해 보세요.

궁금한 점 또는 어려운 점을 이야기해 보세요.

5. 기어 다니기 놀이 하브루타

고립된 시간

"헉! 거리 두기 단계 격상이네."

갓난 아기가 있는 가정은 누구나 그러하듯이 집콕 생활에 익숙합니다. 하리 엄마는 거리 두기 단계의 격상 자체보다 집에서 또 무얼하고 보내야 할지 생각하면 답답할 노릇입니다. 하리는 태어난 이후 거의 평생을 집에서 보냈습니다. 밥을 먹고, 기저귀를 갈고, 놀고, 잠자고…. 하리 엄마는 눈부시게 예쁜 벚꽃을 하리에게 보여 주고 싶었지만, 밖에 나갈 수 없었습니다. 하리는 코로나바이러스가 창궐하는 2020년 4월에 태어났거든요. 바이러스 감염을 막기 위해 외부와의 접촉을 차단해야 했습니다. 그 예쁜 벚꽃도 하리에게는 그림의 떡일 뿐이었습니다. 한창 이리저리 기어 다니는 시기에도 외부와의 접촉은 철저히 차단했습니다.

생각해 보면 저 또한 차단된 생활을 했습니다. 첫 아이를 낳고

100일 동안은 잠깐 마트에 들리거나 예방 접종을 맞으러 가는 일 외에는 거의 집에서 미역국만 먹고 살았거든요. 2월에 아이를 출산 했기 때문에 겨울 내내 집에서만 시간을 보내는 생활을 했습니다. 곰이 동굴에서 쑥과 마늘만 먹듯, 저는 출산 후 집에서 미역국과 모유를 위한 돼지 발 삶은 물만 들이켰습니다. 그렇게 100일을 보내고 동굴 밖을 나왔을 때, 피부에 닿던 봄바람의 감촉이 생생합니다. 따뜻하고도 달콤했던 바람이 아직도 느껴지는 것 같습니다.

하지만 그때와 달리, 요즘은 해방감을 느끼기가 어렵습니다. 백신 접종이 한창 진행되고 있지만, 코로나가 종식되기까지 얼마의 시간이 남았는지는 예측할 수 없습니다. 거리 두기 단계가 완화된다고 해도 외부로 나가는 것은 여전히 위험합니다. 밖에 나가서 어떤 식으로 바이러스에 감염될지 모르고, 괜히 나갔다가 확진자가 되기라도 하는 날에는 사회적 죄인이 되는 것도 감수해야 합니다. 그러니 하리는 한창 기어 다니는 시기까지도 거의 모든 시간을 집에서만 보냈지요. 엄마도 답답한 건 마찬가지입니다. 하루종일 아기와 있다 보니, 아기의 말이 아닌 어른의 말로 대화하고 싶습니다. 아기는 웃거나 칭얼거리며 마음을 표현하지만 엄마는 엄연히 한국어를 능숙하게 사용할 줄 아는 사람입니다. 한국어로 어른의 대화가 하고 싶습니다.

"나 오늘 기저귀를 잘못 채워서 이불을 두 번이나 세탁했어. 아기가 자는 사이에 밥도 먹어야 하고 빨래도 널어야 하는데, 50개 한정 공구(공동 구매) 물품을 보다가 아무것도 못했지 뭐야. 결제창 열

다가 오류가 나서 결국 결제도 못 했어. 매일 집에서 하리를 보거나, 핫딜을 보거나…. 밖에 나가고 싶다. 미칠 지경이야.”

이런 얘기가 하고 싶습니다. 게다가 엄마의 답답함도 문제지만, 아기가 방치되는 것 같아 불안한 마음도 듭니다. 바이러스를 차단하느라 사회적으로도 고립된 기분입니다. 정말 이렇게 시간을 보내도 아이에게 괜찮은 걸까요?

사회문화적 발달이론을 연구한 심리학자 비고츠키에 의하면 인간은 사회적 상호 작용 과정에서 타인을 모방하고 이를 내면화하여 고등정신능력을 향상시킴으로써 발달이 이루어진다고 하였습니다. 즉, 아이는 어른과 소통하며 어른이 사용하는 언어와 행동을 모방하고 이를 자신의 능력으로 축적하면서 보다 나은 발달을 해 나간다고 합니다. 어른과 이야기를 많이 하고, 외부 사람들과 소통을 할 때 아이의 견문이 넓어진다는 것입니다. 그런데 지금은 외부 사람의 영향을 받기가 어렵습니다. 그래도 아기는 괜찮습니다. 엄마라는 사람과의 상호 작용으로 모방과 내면화 과정을 거칠 수 있으니까요. 집에서 엄마와 대화하고 교감하는 놀이를 통해 원활한 발달이 진행될 수 있습니다. 오히려 아이의 능력을 축적하는 기회로 삼을 수 있습니다.

무엇보다 엄마는 기어다니기의 중요성을 이해하고 아이가 마음껏 기어다닐 수 있는 환경을 제공해 주어야 합니다. 이는 물리적으로 넓은 공간을 말하는 것이 아닙니다. 기어 다니는 경험을 충분히 누적할 수 있도록 이끌어 주는 것을 말합니다. 기어 다니는 경험이 쌓이면 신체 발달도 원활해질 뿐 아니라, 양발과 양손을 모두 사용하면서 우뇌 및 좌뇌가 자극되어 두뇌 발달에도 도움이 됩니다. 왕성한 호기심을 이용해 무릎을 사용해서 기어가고, 원하는 물체를 잡아서 입에 넣어 볼 수 있는 경험을 많이 가지도록 해 주세요. 이런 경험을 통해 성취감을 느끼게 되니까요.

이 시기의 특징 중 또 하나는 집중력이 많이 떨어지는 것입니다. 여기서 말하는 집중력은 시각을 한군데에 오래 머무르게 하는 집중력을 말합니다. 아이는 책을 보아도 잠깐 동안만 주시하고, 이전처럼 오랫동안 그림을 보지 않습니다. 집중력이 많이 떨어진 것처럼 보입니다.

그 이유는 이 시기가 신체 발달이 왕성하게 진행되고 자신감이 늘면서 움직임을 더욱 쫓게 되는 민감기이기 때문입니다. 이때는 집중력의 기준을 이전 단계와 동일하게 삼으면 안 됩니다. 잠깐이라도 시선을 주의 집중하여 볼 수 있도록 보는 환경을 바꾸어 주어야 합니다. 오래 주시하지 않더라도 엄마와 마주 앉아서 잠시라도 노는 경험을 쌓아가는 방법이 좋습니다. 그리고 시각에 집중하기보다는 소근육 발달을 돕는 놀이로 집중력의 방법을 바꾸어 주면 도움이 됩니다.

아이와의 소통이 원활하지 않다고 해서 소통하는 놀이를 아예 포기하기보다는 기어 다니는 시기의 발달 특성을 이해하는 것이 아이를 위한 방법입니다. 이 고비를 잘 넘기면 아기는 위험으로부터 자신을 조절할 수 있습니다. '이건 위험한거라 만지면 안 되는 거야'라는 엄마의 말에 반응할 수 있습니다. 엄마가 모든 위험을 막아주는 것이 아니라, 아기 스스로 위험을 인지하고 조절할 수 있는 과정이 될 것입니다.

잠깐을 보더라도 엄마와 소통하는 경험을 지속해 주기 바랍니다. 이 고비의 시기를 잘 넘기는 지혜로운 엄마가 될 수 있도록 소개된 놀이가 도움이 될 수 있기를 바랍니다.

이렇게 놀아 보세요

기어 다니는 단계의 아이들은 한 가지에 오랫동안 집중하지 못합니다. 그림카드 놀이도 짧게 하지요. 몸의 움직임을 많이 시도하기 때문에 집중하는 것이 쉽지 않은 시기입니다. 이제는 그림을 보여주는 기준도 많이 바뀌어야 합니다. 이 시기에는 잠깐만 보더라도 인상 깊게 보는 것이 중요합니다. 그리고 아이의 시선에 따라 놀이가 바닥에서 진행되기도 하고 책상 위로 올라가기도 합니다. 아이의 특성을 고려하여 흥미롭게 집중할 수 있는 적절한 놀이 환경을 마련해야 합니다.

명화카드와 그림카드 놀이

준비물

**그림
카드**

사과

토끼

말

아기

**명화
카드**

세잔 〈사과 바구니〉

한스 호프만 〈숲속의 토끼〉

프란츠 마르크 〈푸른말〉

프리스 쉬베리 〈어머니와 아이〉

놀이 방법

① 사과가 그려진 그림카드를 보여 준다. 그림카드를 내려놓은 후 아기 얼굴을 마주보며 "빨간 사과, 동글동글 사과" 등 사과의 특징을 표현하는 말을 들려준다. 그림카드를 엄마 얼굴 옆의 위치에 두고 "빨간 사과, 동글동글 사과" 말을 들려준다. 이때 아기는 엄마의 얼굴과 그림카드, 표현 언어까지 동시에 보고 들을 수 있다.

② 세잔의 〈사과 바구니〉 명화카드를 보여 준다. 명화카드를 내려놓은 후, 아기의 얼굴을 마주보며 "빨간 사과, 동글동글 사과"라고 말을 들려준다. 〈사과 바구니〉 명화카드를 엄마 얼굴 옆의 위치에 두고 아까와 같은 말을 들려준다. ①과 마찬가지로 아기는 엄마의 얼굴과 그림카드, 표현 언어까지 동시에 보고 들을 수 있다.

③ 사과가 그려진 그림카드와 세잔의 〈사과 바구니〉 명화카드를 동시에 들고 보여 준다. 아이가 명화에 시선을 두는지 그림에 시선을 두는지 아이의 눈을 보고 반응을 관찰한다.

④ 그림카드 속 토끼의 표정을 엄마가 흉내 낸다. 눈을 깜빡거리는 표정을 아기한테 보여 준 후 "나 엄청 예쁘지?"라고 말한다. 그리고 그림카드를 보여 준다. 그림카드를 내려 놓은 후 아기 얼굴을 마주보며 "깡충깡충, 토끼"라고 말한다. 그림카드의 토끼 표정을 엄마가 흉내 내며 보여 준다.

⑤ 〈숲속의 토끼〉 명화카드를 엄마의 얼굴 옆에 두고 "냠냠냠, 맛있는 풀이야"라고 명화 속 토끼의 감정과 행동을 표현한다. 아기는 엄마의 얼굴과 명화카드, 표현 언어까지 동시에 듣고 보게 된다.

⑥ 토끼 그림카드와 〈숲속의 토끼〉 명화카드를 동시에 들고 보여 준다. 아이가 명화에 시선을 두는지 그림에 시선을 두는지 아이의 눈을 보며 관찰한다.

⑦ "히히힝" 또는 "따그닥따그닥"처럼 말을 표현하는 소리를 들려준다. 말이 그려진 그림카드를 보여 준다.

⑧ 〈푸른 말〉 명화카드를 엄마의 얼굴 옆에 두고 "히히힝" 또는 "따그닥따그닥" 하고 말을 표현하는 소리를 들려준다.

⑨ 그림카드와 〈푸른 말〉 명화카드를 동시에 들고 색깔이 다른 두 말을 보여 준다.

⑩ "응애응애, 우리 엄마 너무 좋아"처럼 말로 표현한다. 아기가 그려진 그림카드를 보여 준다.

⑪ 〈어머니와 아이〉 명화카드를 엄마 얼굴 옆의 위치에 두고 "엄마가 아기한테 밥을 먹여 주고 있네" 하고 명화 속 상황을 표현한다.

⑫ 아기 그림카드와 〈어머니와 아이〉 명화카드를 동시에 들고 보여 준다.

※ 명화카드와 그림카드를 나란히 놓은 후, 두 카드가 만나는 면을 테이프로 붙여서 세워 두세요. 아이의 움직임이 활발해지면서 뚫어져라 집중하여 보는 반응은 점차 감소합니다. 대신 엎드려서 배밀이를 하는 잠깐이라도 카드를 볼 수 있는 환경을 만들어 주면 도움이 됩니다.

Q 아이가 갈수록 활발히 움직이고 싶어 합니다. 이떻게 하면 집중을 잘하게 만들 수 있을까요?

A 신체 움직임이 활발해질수록 이전의 발달 단계에서 나타나던 '뚫어져라 집중하여 보는 반응'은 점차 줄어들 것입니다. 이는 새로운 발달 단계에 접어들면서 자신의 몸을 움직일 수 있다는 자신감도 늘어나고, 신체 움직임의 민감기를 맞이했기 때문입니다. 오히려 많이 움직이는 것이 건강하게 잘 자라고 있다는 뜻이기도 합니다.

이때는 보는 기준을 바꾸어야 합니다. 잠깐을 보더라도 기분 좋게 또는 인상 깊게 보는 환경을 마련해 주는 것이 필요합니다. 두 카드를 붙여서 세워 두기도 하고(아이가 무너뜨리면 또 세워 주세요.),

한쪽 벽면에 명화를 붙여서 볼 수 있는 환경을 마련하는 것도 도움됩니다.

Q 한참 기어 다니는 시기이다 보니 가만히 있는 것을 싫어해요. 그래도 범보 의자에 앉힌 다음 놀이를 진행했는데 괜찮을까요?

A 일상 속에서 아이가 대부분 자유롭게 탐색하고 경험하게 해주세요. 특히 기어 다니는 단계에서는 집 안 구석구석을 돌아다니고 탐색하는 경험이 발달을 돕습니다. 하지만 일상의 일부분은 앉아서 자신의 몸과 마음을 조절해 보는 경험도 필요합니다. 음식을 먹을 때, 카시트에 타야 할 때 등 앉기 싫지만 자신의 몸을 제어하며 앉아 있는 훈련도 필요합니다. '놀이를 할 때에는 항상 일정한 장소에서 앉아서 논다'라는 규칙을 경험하면 아이는 스스로 조절하는 법을 배울 수 있습니다.

놀이 후 아이의 반응을 기록해 보세요.

궁금한 점 또는 어려운 점을 이야기해 보세요.

6. 앉기 놀이 하브루타

분리불안과 애착 형성

라온이는 5개월 즈음에 간신히 앉았습니다. 범보 의자를 치우고 혼자 앉혀 놓았더니 1~2분 정도를 버텼지만 금방 중심을 잃고 옆으로 스르륵 넘어갔습니다. 아무래도 혼자서 앉아 있는 것은 무리였지요. 하지만 배밀이도 하고 뒤집어서 놀기도 하면서 라온이는 이제 혼자서도 안정적으로 앉을 수 있게 되었습니다.

놀이 수업에서도 라온이와 엄마는 즐거운 모습을 보입니다. 라온이와 엄마가 나누는 대화를 들어보면 엄마의 목소리가 매우 안정적입니다. '라온이의 안정감이 엄마의 편안함에 있구나' 하는 생각이 들기도 하지요. 무엇보다 라온이의 관심에 맞게 놀이를 하고 집중할 수 있도록 이끄는 모습이 훌륭합니다. 라온이와 엄마의 소통 장면을 보면 '라온이는 엄마가 참 마음에 들겠다' 하는 생각이 듭니다. 아이의 요구와 관심을 민감하게 알아주고 적절한 대응을 해주는 엄마의 모습에 보는 사람도 안정감이 느껴지지요. 그런데 어느 날, 라온이 엄마는 뜻밖의 어려움을 토로했습니다.

"아이가 제 껌딱지가 되어 버렸어요. 어디 앉히기만 하면 안으라고 소리를 질러대는 통에 함께 놀기도 어렵고, 무언가를 할 수가 없습니다. 그래서 높은 의자에서도 놀아 보고, 바닥 매트 위에서도 놀아 보고, 범보 의자에서도 놀며 여러 공간의 반응을 보는 중이에요."

라온이의 행동은 분리불안의 반응입니다. 라온이 엄마는 분리불안이라는 육아의 고충을 잘 극복할 수 있을까요?

분리불안은 7~8개월에 시작하여 24개월 전후에 점차 사라집니다. 자료에 따라서 3세 이후에도 지속된다는 기록도 있습니다. 분리불안은 엄마를 알아보고 엄마에게서 심리적 안정을 찾으려고 하는 마음에서 나타나는 반응입니다. 엄마라고 통칭하겠지만 할머니, 아빠 등 주 양육자는 모두 해당되지요. 이때 아이와 애착을 잘 형성하면 분리 불안은 점차 사라지게 됩니다.

육아를 하는 엄마들은 분리불안이라는 주제에 대해 격한 공감을 나누었습니다. 라온이 엄마는 라온이뿐 아니라 하진이도 비슷한 반응을 보였다는 이야기를 듣고 왠지 모르게 안심할 수 있었지요. 다른 아이들의 반응을 몰랐다면 '우리 아이가 잘못 커가고 있는 것은 아닐까', '왜 이렇게 엄마를 힘들게 할까'라고 생각했을 텐데 그러지 않을 수 있어서 마음이 놓였다고 합니다. 한참 후, 하진이 엄마에게서 분리불안을 극복하게 된 경험을 들을 수 있었습니다.

아이를 존중하고 아이의 호기심을 따라가라고 하지만 제가 너무 힘들더라고요. 너무 아이한테 끌려간다는 생각도 들고요. 그래서 일단 아이를 안심하게 해 줘야겠다고 생각했어요. 아이가 안아 달라고 하면 안아 주었지만 제가 쉬고 싶을 때는 쇼파에서 쉬었어요. 아무것도 안하고요. 아이에게는 '엄마도 힘들어. 엄마도 좀 앉아서 쉴게'라고 이야기해 줬어요. 금방 좋아지진 않았고 여전히 울었는데 계속 반복하니까 하진이도 엄마 옆에 와서 잘 놀더라고요. 엄마가 편안히 쉬니까 하진이도 오히려 안심하는 것 같았어요. 평소에는 이유식을 준비할 때도, 화장실을 갈 때도, 집안일을 할 때도 거의 같이 다닌 것 같아요. 그런데 매번 데리고 다니기가 힘들어서 제가 일을 안 해 버린 적도 있어요. '에라 모르겠다' 하고 집안일도 쌓아 두고 하진이 옆에 있었어요.

아이는 엄마를 통해 안전 기지로 들어가면 안정감을 가진다고 합니다. 하진이는 엄마가 자기 곁에 안정적으로 있을 것이라는 믿음을 가지고 안전 기지안에 머물게 되었습니다. 그런데 여기서 눈에 띄는 부분은 하진이만 안전 기지로 들어간 것이 아니라, 엄마도 자신만의 안전지대로 들어갔다는 것입니다. 아이의 비위를 다 맞추려면 엄마는 얼마나 힘들까요? 그런데 하진이 엄마는 자신만의 쉬는 공간을 스스로 만들고 그 안에 머물렀습니다. 아이를 안심시키기 위해 애를 쓰는 대신, 엄마 스스로 편해지는 선택을 한 것이 하진이가 안정감을 가지게 된 비결인 것 같습니다.

육아는 오늘로 끝나는 것이 아닙니다. 이 아이와 내일도 그 다음 날도 같이 자라가야 합니다. 이럴 때에는 엄마가 지치지 않는 방법을 찾아가야 합니다. 아이가 분리불안 증세를 보일 때 걱정만 하기보다 지혜로운 방법을 찾아 나서는 엄마들이 참 멋집니다.

아이의 요구에 민감하게 반응하고 따뜻한 눈빛으로 바라봐 준다면 아이는 점차 엄마에 대한 신뢰를 느끼고 안정적인 애착을 형성할 수 있습니다. 엄마가 없을 때 아이가 운다고 해서 애착에 실패했다고 생각하거나 큰 문제로 속단하지는 마세요. 편안한 마음으로 아이와 안정감을 쌓아 가면 분리불안은 점차 사라지고 마음도 한걸음 자라갑니다.

애착 형성의 실험

1950년대 미국의 심리학자 해리 할로우는 아기가 엄마에게 정서적 애착을 갖게 되는 것과 그 영향에 관한 연구(원숭이 부모 애착 실험, 1958)를 하였습니다. 실험실에 두 개의 인형 엄마를 놓고 아기 원숭이를 자라게 한 실험입니다.

하나는 우유를 가지고 있지만 딱딱한 철사로 만든 인형 엄마였고, 다른 하나는 우유는 없지만 부드러운 헝겊으로 만든 인형 엄마였습니다. 아기 원숭이는 잠시 우유를 먹을 때를 제외하고 24시간 동안 헝겊으로 만든 엄마에게 붙어 있었습니다. 무서운 상황이 나타나면 아기 원숭이는 헝겊 인형으로 달려가서 안정을 찾으려고 했지요. 이 연구를 통해 아기는 먹는 것보다 피부 접촉을 통한 안정을 더 중요하게 여긴다는 사실을 알 수 있습니다.

이후 메리 아인스워스가 '낯선 상황 실험'을 진행하였습니다. 이는 양육자와 아이가 분리되었다가 다시 만났을 때 나타나는 반응을 살펴본 것으로, 이 실험을 통해 애착 유형은 네 가지로 구분되었습니다.

* **안정 애착 유형** – 양육자가 다시 돌아왔을 때 반가움을 느끼고 불안이 쉽게 진정되는 유형입니다.

* **불안정 회피 애착 유형** – 양육자와 분리 시에도 울지 않고, 양육자가 돌아왔을 때도 회피하거나 무시하는 반응이 나타났습니다.

* **불안정 저항 애착 유형** – 분리 시 심한 불안을 느끼며, 안아 주어도 금방 그치지 않고 매우 화를 냅니다. 달래지지 않고 물건을 집어 던지거나 때릴 수 있습니다. 이후 사회생활을 할 때 바람직한 또래 관계를 형성하지 못하고 타인을 신뢰하지 못하는 반응이 나타나기도 합니다.

* **불안정 혼돈 애착 유형** – 양육자에게 다가가야 할지 회피해야 할지 혼란을 보이는 유형입니다. 저항 애착과 회피 애착이 결합된 형태라 할 수 있습니다.

애착이 잘 형성되면 엄마와 분리되었을 때 불안해 하면서도 쉽게 안정을 찾습니다. 이후 사회 생활에서도 타인을 신뢰할 수 있으며 원만한 인관 관계를 할 수 있다고 합니다. 안정적인 애착을 형성하기 위한 방법으로는 스킨십을 들었습니다. 아기 원숭이가 철사보다 헝겊에 안정감을 느끼듯, 아기는 엄마의 따뜻한 스킨십을 통해 안정감을 가질 수 있습니다.

교구 놀이

준비물

- 크기가 다른 두 컵
- 크기가 다른 두 개의 블록
- 직사각형 형태의 상자 또는
  바구니
- 인형

놀이의 목적

- 적은 준비물로 다양한 놀이를 할 수 있다.
- 컵에 흥미를 갖고 놀 수 있다.
- 소근육 발달을 돕는다.
- 조절력과 인내심을 기를 수 있다.

놀이 방법

1. 흥미 끌기 놀이: 굴리기와 흉내 내기

① 컵 하나를 꺼내어 물을 마시는 흉내를 내면서 "아, 맛있다"라고 말한다. 고개를 뒤로 젖혀 컵을 잡고 물을 마시는 흉내를 보여 준다.

② 컵을 머리에 쓰면서 "생일 축하합니다" 하고 노래를 부르며 생일 모자를 쓴 모습을 흉내 낸다.

③ 검지손가락을 컵 안으로 넣어서 로션을 덜어 얼굴에 펴 바르는 흉내를 낸다. 아이가 컵에 흥미를 느끼게끔 한다.

④ 컵을 옆으로 눕힌 다음, 손 끝으로 컵을 밀어서 컵이 굴러가는 것을 보여 준다. "데굴데굴" 하고 말을 들려준다. 아이와 엄마 사이에 거리를 조금 두고, 컵이 굴러가는 것에 아이가 관심을 갖고 볼 수 있도록 한다.

⑤ 컵을 아이에게 주고 아이가 엄마처럼 표현해 보거나 물고 빨도록 한다. 지금 당장 모방한 반응이 나타나지 않아도 아이가 본 것은 이후에 나타날 수 있다.

2. 다양한 위치에서 손 뻗어 잡기 놀이

① 상자를 가로로 세운 후 상자 안에 컵을 넣어 둔다. 아이가 손을 뻗어 상자 안에 있는 컵을 꺼내도록 한다. 이때 거리는 아이가 손을 뻗어서 잡을 수 있도록 조절한다.

② 아이가 컵을 잡으면 엄마가 넘겨받아서 이번 단계에는 상자 위에 올려 둔다. 아이가 손을 뻗어 상자 위의 컵을 잡도록 한다.

③ 상자를 돌려서 세로로 세운다. 세운 상자 위에 있는 컵을 아이가 잡을 수 있도록 올려 둔다. 아이는 컵을 잡기 위해 손을 뻗으면서 달라진 높이를 감각으로 느낄 수 있다.

3. 상자 안으로 손 뻗어 잡기 놀이

상자를 눕혀서 그 안에 컵을 넣어 두고, 아이가 컵을 꺼내도록 한다.

상자의 특성을 느낄 수 있도록 다양한 위치에서 잡을 수 있도록 한다.

4. 컵 안에서 꺼내기 놀이

① 큰 네모 모양의 블록을 컵 안에 넣는다. 아
   이가 꺼내고 싶은 마음이 들도록 컵을
   기울여서 안에 있는 블록이 보이도록
   한다. 이때 컵을 잡고 있는 엄마의 손은
   안정감 있게 바닥에 고정한다.

② 아이가 블록을 꺼내서 잡으면 엄마가 그 블록을 수거해 온다. 수
   거해 올 때는 "고마워"라고 기분 좋은 목소리로 말을 하여 거절의
   기분이 들지 않도록 한다.

③ 중간 크기와 작은 크기 등 물건의 크기
   를 달리하여 꺼내기를 반복한다. 아이
   는 물건의 크기가 작아질수록 꺼내기 어
   렵다고 느낄 수 있다. 이때 어렵다고 포기

하는 것이 아니라, 끈기 있게 시도하고 성공함으로써 성취감을 갖도록 한다.

어려워 포기하려고 하는 아이에게는 컵 안의 물건을 흔들거나 아이의 손에 물건을 두드려서 꺼내고 싶은 마음이 들도록 흥미를 자극한다.

5. 고무줄 놀이: 튕기기

① 컵의 윗부분을 가로지르도록 고무줄을 건다. 만약 컵에 홈이 없을 경우에는 테이프를 붙여 고무줄을 고정해 준다.

② 엄마가 손가락으로 고무줄을 튕겨서 소리를 들려준다.

③ 거리를 조절하여 아이가 고무줄을 튕겨 볼 수 있도록 한다. 손가락을 정교하게 사용해 보도록 하고, 사물의 특성도 느끼며 엄마와의 놀이에 흥미를 느낄 수 있도록 한다.

※ 아이는 꺼낸 블록을 처음에는 어떻게 처리해야 할지 알지 못한다. 제일 쉽고 본능적인 반응으로 던지거나 입에 넣는 반응이 나타난다. 블록을 꺼낸 후 어떻게 처리를 할 것인지에 대한 긍정적인 방법을 엄마가 가르쳐 준다. 그 방법으로는 '빨기', '수거하기', '담기'가 있다. 빨기는 아이가 충분히 탐색하도록 관찰하고 있으면 된다. 수거하기는 블

록을 뺏기기 때문에 아이의 기분이 나쁠 수 있다. 그래서 엄마가 기분 좋은 목소리로 "고마워"라고 말하며 가져가야 한다. 담기는 아직 어려운 단계이기는 하지만, 반복적으로 안내하다 보면 스스로 표현하게 되어 있다. 다른 용기를 보여 주면서 "꺼낸 블록을 여기에 담아 봐"라고 반복하여 담기를 경험하면 아이 스스로 담기를 하게 된다.

이런 점이 궁금해요

Q 크기가 작은 물건을 입에 넣으려고 해요.

A 아기가 삼킬 수 있는 크기의 물건은 사용하지 않는 것이 우선이에요. 하지만 작은 것을 손으로 집거나 잡을 때 소근육이 발달한다는 장점이 있습니다. 이때는 엄마가 반드시 아이의 행동을 주시하고, 아이가 물건을 집어 냈다면 곧바로 수거하여 입에 넣지 않도록 해야 해요.

안전에 주의하기 어려울 때는 작은 튀밥 등 입에 넣거나 먹어도 되는 안전한 재료를 사용하세요. 아이가 물건을 꺼내는 즉시 "고마워"라는 말을 전하며 기분 좋게 수거하는 방법도 좋습니다. 뺏겼지만 기분 나쁘게 느끼지는 않을 거예요. 이후 '담기'나 '꽂기' 놀이법을 배우게 되면 엄마가 뺏을 필요 없이 아이 스스로 적절하게 조절할 수 있을 거예요.

Q 아이가 자꾸 무엇이든 던지려고 합니다. 도형 놀이를 할 때도 도형을 던지려 해서 집중이 안 되었어요. 아이가 집중할 수 있으려면 어떻게 하면 좋을까요?

A 아이는 호기심으로 던지기도 하고 어떻게 신체를 조절할지 몰라서도 던집니다. 아이가 물건을 던지려고 할 때 "여기 컵에 담을까?", "커다란 바구니에 담아 볼까?" 등 담기로 적절한 조절을 유도해 주세요. 이처럼 담기를 배우는 이유는 던지는 등 파급력이 큰 행동 대신 조절을 할 수 있는 행동을 배우기 위해서입니다.

Q 아이가 물건을 바닥으로 던질 때마다 아기에게 안 된다고 말하는데, 얼마나 반복적으로 이야기해야 할까요?

A 엄마는 아이에게 안 된다는 신호를 전하지만, 아이는 엄마의 신호를 인식하지 못하는 경우도 있어요. 아이는 대개 비언어적인 느낌으로 '이건 안 되는구나'라고 느끼는데, 엄마가 너무 부드러운 말로 표현해서 그럴 수 있답니다. 던지는 행동은 일상 중에 자연스럽게 일어나기 마련이에요. 하지만 위험을 유발하거나 사람을 향해서 던지는 등 행동을 조절해야 할 경우가 있지요. 이때는 던지면 안 된다는 신호를 주어야 해요. 단호하고 엄격한 느낌으로 목소리를 내어 "안 돼"라고 말해 보세요. 그런 후 "여기에 담아 주세요" 하고 아이가 해도 되는 적절한 행동을 제시해 주세요.

아이를 야단치고 나면 자신이 나쁜 엄마라고 생각하거나 죄책감을 갖는 경우가 종종 있어요. 하지만 위험한 행동이나 남한테 피해를 주는 등의 행동에 대해서는 야단과 훈육도 필요하지요. 행동에 대한 조절력을 가르쳐 주는 안내자의 역할이니 죄책감을 가지지 마세요. 아이는 상황에 대한 이해와 자신의 몸과 마음을 조절하는 법을 엄마로부터 배울 수 있습니다.

Q 아이가 도형을 컵에 담으려는 흉내는 내지만 막상 손에서 도형을 놓지는 않아요. 놓는 것을 도와주려니 싫다는 표현을 하는데, 어떻게 해야 할까요?

A 아이가 도형을 컵에 담으려고 손을 넣었을 때 엄마가 재빠르게 아이가 쥔 도형을 컵에 떨어뜨리도록 하세요. 이때 실제로는 엄마가 도와준 것이지만 "컵에 담았구나"라고 말해 주고 칭찬을 해 주세요. 엄마가 능숙하게 잘 이끌어서 아이가 뺏겼다는 느낌 대신 '담기'를 통해 칭찬을 받았다는 기분을 느낄 수 있도록 해 주세요. 그리고 엄마가 직접 컵에 도형을 담는 모습도 계속해서 보여 주세요. 컵에 담는 행동으로 칭찬받고, 컵에 담는 행동이 어떤 것인지 인지하면 아이 스스로 담기를 할 수 있을 거예요.

놀이 후 아이의 반응을 기록해 보세요.

궁금한 점 또는 어려운 점을 이야기해 보세요.

7. 걷기 놀이 하브루타

쾌속으로 성장하는 아기

돌을 얼마 남기지 않고 여은이가 걷기 시작했습니다. 한두 발자국씩 걷기 시작하더니 이제는 속도가 붙었습니다. 몇 발자국 걷다가 털썩 주저앉지만 다시 또 일어섭니다. 여은이는 걷는 것이 재미있나 봅니다. 그렇지 않고서야 계속 넘어지면서도 또 일어설 리가 없지요. 넘어지고 일어서기를 몇 번이고 반복하더니, 이제는 제법 잘 걷습니다.

여은이가 현관에 가서 신발을 들고 옵니다. 이는 놀이터로 나가자는 대화의 시도입니다. 신발을 신고 밖에 나오니 신이 났는지 저만치 달려가려고 합니다. 넘어질 것 같아 "천천히, 천천히"를 몇 번이나 외쳤습니다. 아니나 다를까 넘어진 여은이의 무릎에 분홍빛 피가 살짝 비칩니다. 의자에 앉아 피도 닦고 간식도 하나 먹었습니다. 그러자 아이가 또 일어서서 걸으려 합니다.

걱정이 된 엄마는 "엄마 손"이라고 말했습니다. 여은이가 걸음을 잠시 멈추더니 뒤따라오는 엄마의 손을 잡습니다. 손가락 하나를 내어주었더니 조그만 손으로 엄마의 손가락을 움켜잡고 다시 걷습니다. 누워만 있던 아기가 언제 이렇게 커 버린 걸까요? 말귀도 알아듣고 멈추기도 하면서 자신의 행동을 조절하는 아이를 보니, 엄마는 신기하기만 합니다.

아이가 1년 동안 보여 주는 성장 속도는 어른은 따라갈 수 없을 정도로 경이로운 수준입니다. 누워 있던 아이가 불과 1년 만에 걷는 데까지 성장했습니다. 엄마가 일방적으로 말을 걸었을 뿐인데, 이제는 대화가 가능할 정도로 알아듣기도 합니다. 어른이 책을 읽고 공부를 한다고 한들 1년 동안 아기만큼의 변화를 가져올 수 있을까요? 아기가 가진 위대함의 비결은 무엇일까요?

아기의 위대한 성장은 멈추지 않고 될 때까지 시도하는 데에서 나오는 것 같습니다. 한 발짝 걷다가 두려워서 포기하고 멈춘다면 아장아장 잘 걸을 수 있을까요? 다시 일어서기를 주저하는 것은 오히려 어른들일지도 모릅니다. 실패할까 봐 겁내고, 힘들까 봐 겁내고… 그러다 보니 시도조차 하지 않는 경우도 많습니다. 어른이 아기만큼 끈기가 있었다면 참 대단한 일을 해냈을 것입니다.

놀이를 할 때도 마찬가지입니다. 간혹 아이가 잘하지 못할 때 본인이 더 힘들어하며 놀이를 그만두려 하는 엄마들이 있습니다. '다

이어터'인 제가 운동을 그만두려고 하는 마음과 똑같이 말이죠. 어쩌면 아이가 가진 끈기와 시도하는 자세는 어른들에게 더 필요할지도 모릅니다.

"아이가 집중하지 못하는 것 같아요."

"힘들어서 그만두어야겠어요."

아기는 아직 포기하지 않았는데 엄마가 포기해 버리는 건 아닐까요? 만약 아이의 발달에 브레이크가 걸렸다면, 이 돌부리를 어떻게 넘을지 고민하는 것이 먼저입니다. 그리고 또 다시 일어나서 걸어가야 합니다. 아이는 오늘도 넘어지면서 짚은 손을 툭툭 털고 다시 일어납니다. 엄마도 아이처럼 손을 툭툭 털고 다시 걸어 볼까요? 넘어져도 다시 일어서고 포기하지 않을 때 성장이 이루어진답니다.

이렇게 놀아 보세요

교구 놀이

준비물

- 크기가 다른 두 컵
- 컵의 크기에 맞는 링
- 막대(빨대, 꼬치 등)
- 블록
- 고무 밴드

놀이의 목적

- 적은 준비물로 다양한 놀이를 할 수 있다.

- 민감성을 기를 수 있다.

- 소근육 발달을 돕는다.

- 조절력과 인내심을 기를 수 있다.

놀이 방법

1. 흔드는 소리 듣기 놀이

① 큰 크기, 중간 크기, 작은 크기의 구체물을 각각 준비한다. 컵 안
　에 큰 구체물을 넣은 후 링 모양의 블록을 덮어 뚜껑처럼 닫은 후
　흔든다. (컵과 링 교구가 없을 시에는 가로세로 10센티미터 정도 크
　기의 상자를 준비한 다음, 윗부분에 구멍을 뚫어서 이용할 수 있다.)

2. 링 꺼내기 놀이

① 링의 구멍에 손가락을 넣어 뚜껑
　을 열고 안에 들어 있는 구체물
　을 꺼내는 시범을 보여 준다.

② 아이가 손가락을 넣어 구체물을
　꺼내도록 한다.

3. 구체물 꺼내기 놀이

① 아이가 컵 안에 손을 넣어 구체물을 꺼낼 수 있도록 아이 가까이
　가져간다.

③ 중간 크기, 작은 크기의 구체물도 같은 방법으로 링 뚜껑 열기, 구
　체물 꺼내기를 반복한다.

4. 컵 틈새를 이용한 놀이

① 컵을 뒤집는다. 컵의 윗부분에 있는 물결
　무늬에 의해 틈새 공간이 생긴다. 이 틈
　새로 빨대를 넣어 아이의 흥미를 유발
　한다. 작은 물건 잡기 놀이를 통해 사
　물을 섬세하게 관찰하고 민감성을 기를
　수 있다.

② 빨대를 앞으로 통과시켜 꺼내도록 시범을 보이고, 아이가 따라할
　수 있도록 참여를 유도한다.

③ 옆으로 통과시키는 것도 보여 준다. 이 단
　계는 아이가 당장 성공하지 못해도 괜찮
　다. 지연모방(경험한 내용을 바로 모방
　하는 것이 아니라 시간이 지난 후에 재현
　하는 것) 반응으로 나타나기 때문에, 시범
　을 많이 보여 주는 것도 의미있는 과정이다.

윗부분이 물결 무늬로 된 컵이 없을 시에는 종이컵 윗부분을 가위로 오린 후 틈을 만들어서 응용할 수 있다. 빨대 또한 꼬치나 머들러 등 길쭉한 물건으로 대체할 수 있다.

5. 고무줄 틈 사이로 꺼내기 놀이

① 컵에 고무줄을 여러 개 걸어 둔다.

② 물건 하나를 넣고 흔들어서 소리로 흥미를 끈다.

③ 아이가 손을 넣어 컵 안에 있는 물건을 꺼내게 한다. 고무줄이라는 장애물 때문에 꺼내기가 원활하지 않다는 것을 경험한다. 끈기를 가지고 꺼내기에 성공하면 소근육은 물론 마음 조절력도 기를 수 있다.

영상으로 놀이법을
만나 보세요!

Q 아이가 컵에서 물건을 뺀 후 바닥에 버리거나 입으로 가져가요. 그래서 '건네주기'와 '담기' 활동으로 이어지지 않는데, 어떡하면 좋을까요?

A 아이는 물건을 던질 수도 있고 입으로 가져갈 수도 있어요. 여기에 너무 전전긍긍하지 말고 놀이를 지속해 보세요. 아직은 물건을 어디에 담거나 엄마에게 건네는 것이 익숙하지 않아서 나타나는 반응이랍니다. 일상에서 "엄마한테 주세요" 또는 "이 컵에 담아 주세요"라고 말하며 건네주기와 담기에 대한 경험이 쌓이도록 해 보세요. 이 과정이 익숙해지면 다른 놀이에서도 자연스럽게 꺼내고 담는 행동을 아이 스스로 조절할 수 있어요.

Q 긴 물건을 앞으로 빼낼 때와 옆으로 빼낼 때의 조절 능력이 다른 것 같아요.

A 12개월 이전의 아이들은 물건을 '앞으로' 당겨 와서 입에 가져 가려고 하는 특성이 강합니다. 옆으로 조절하는 것이 아직은 어려운 시기지요. 당장 옆으로 조절하는 반응을 기대하기 보다는 옆으로 꺼내는 모습을 엄마가 충분히 보여 주는 것으로도 의미 있습니다. 아이는 이후에 그 행동을 기억하고 옆으로 꺼내는 반응이 나

타날 거예요.

Q 아이가 고무줄에만 관심을 보이고 물건을 꺼낼 생각을 하지 않아요. 이럴 때에는 충분히 여유를 가지고 아이를 기다려 주는 것이 좋을까요?

A 그럼요. 엄마의 여유 있는 자세가 중요하답니다. 우리는 아이가 당장 만족스러운 결과를 수행해 내는 것을 보기 위해 하브루타 놀이를 하는 것이 아닙니다. 더 나은 소통을 하기 위해서지요. 고무줄에 흥미를 보이는 아이의 마음을 충분히 기다려 주고, 그 상황을 엄마가 편안하게 받아들여 보세요. 그러면 아이도 안정감을 느낄 것입니다.

조금 느려도 괜찮아
하연 엄마

'오늘은 우리 아기랑 무엇을 하며 놀아 줘야 하지?'

아직 뒤집기조차 수월하지 못해 항상 천장만 바라보고 누워 있던 6개월 아기, 하연이를 보며 든 생각이다. 가만히 눕혀 놓기만 할 수도 없고, 작고 소중한 아기를 위해서 무언가를 해 주고 싶었지만 어떻게 해 주어야 할지 잘 몰랐던 나였다. 매일 유튜브나 블로그를 통해 다른 엄마들은 아기와 어떻게 노는지 찾아도 보았지만 그 순간뿐이었다. 그러다 SNS에서 우연히 '놀이 하브루타'를 알게 되었다. 그렇게 하연이가 6개월이던 시기부터 놀이를 했고 지금까지 꾸준히 함께하고 있다.

하연이는 또래보다 발달 속도가 늦은 편이었다. 뒤집기도 늦었고, 배밀이도 시작한지 얼마 되지 않았다. 비교를 하지 말아야지 했지만 평균적인 수치에 비해 뒤처지는 아이를 보며 드는 조급함은 떨치기가 어려웠다. 그런데 놀이 하브루타를 통해 발달에 대해 배우게 되면서 안심할 수 있었다. 무언가를 잡고 서게 되는 대근육 발달이 느리다고 해서 아이의 발달에 부정적인 영향을 주는 것은 아니었다. 오히려 대근육 발달이 진행되기 전인 눕기, 뒤집기 단계일 때 아기와의 놀이가 더 쉬웠던 것이다. 그러다 보니 엄마가 천천히 아이를 관찰할 수 있었고, 집중과 소통도 더욱 잘할 수 있었다. 신체 발달이 진행될 때에는 오히려 쫓아다니기 바쁘고 아이의 주장을 따라가는 게 어려우니 나도 마음이 급해졌다. 이런 특성을 활용하여 대근육 발달이 빠르게 진행되기 전에 오히려 집중력을 기를 수 있었던 것은 정말 큰 위안이고 다행으로 다가왔다.

아이와 함께 놀이 하브루타를 하면서 좋은 점들이 참 많았다. 첫 번째, 무엇보다 아기의 집중력을 키우고 소통을 잘할 수 있게 되었다. 그 비법은 저자극 환경을 만들어 주는 것이었다. 저자극이란, 큰 노랫소리나 미디어 또는 현란한 장난감에서 벗어나는 것을 말한다. 사실 이전에는 노랫소리나 불빛이 나오는 장난감에 아이가 온몸을 흔들며 격하게 반응하는 모습이 예뻐 보였고, 그러다보니 그런 류의 장난감을 많이 사 주게 되었다. 하지만 이렇게 강한 자극에 계속 노출되면 더 강한 자극에 흥미를 느끼게 되고 일상의 놀이를 시시하게 여길 수 있다는 사실을 알게 되었다. 이후로는 강한 자극만 차단했는데도 아기의 집중력과 의사소통을 기르는 데 어려움이 많이 줄어들었다. 이를 계기로 최대한 아기와의 소통에 방해가 되지 않을 환경을 만들어 주려고 했다. 두 번째, 아이의 반응을 관찰하고 기록하는 것이 좋았다. 아이 반응을 관찰하다 보니 아이와 놀이하는 것이 재미있었고, 아이에 대해 더 집중할 수 있었다. 그렇게 관찰하면서 아기의 특성(성향)이 보이기도 했다. 우리 아이를 이해할 수 있고, 아이와 눈을 맞추고 놀면서 엄마로서 행복한 느낌이 많이 들었다.

아무것도 모르고 의욕만 넘쳤던 나는 놀이 하브루타를 통해 육아에 대한 기준과 방향을 세워갈 수 있었다. 그 덕분에 하연이도 책을 좋아하고 소통도 잘하는 아이로 커가고 있는 것 같아서 뿌듯하다.

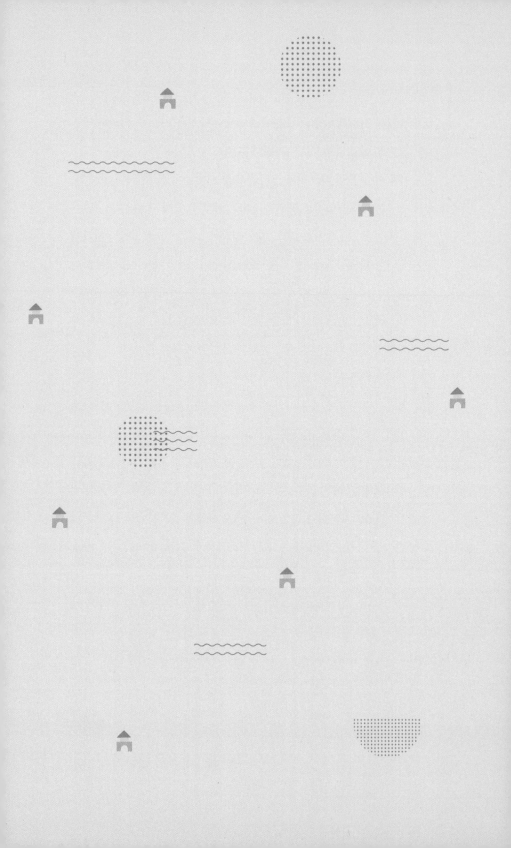

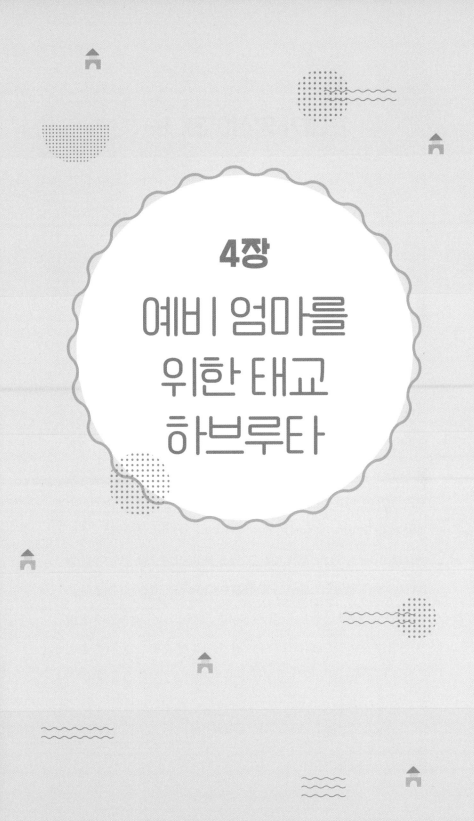

4장

예비 엄마를 위한 태교 하브루타

1. 내가 임신이라니…

임신 테스트기의 두 줄

정말 분명한 두 줄입니다.

임신 테스트기가 "당신은 임신입니다"라고 말을 걸어왔습니다. 드라마에서 본 두 장면이 겹쳐집니다. 임신 사실을 알고 너무 기뻐서 뛰는 모습 혹은 불안한 표정. 저는 어떤 기분이었느냐고 물으면 기쁜 것도 아니고 불안한 것도 아닌 그저 덤덤한 기분이었습니다. 뭐라고 딱 꼬집어 표현하기가 어렵습니다. 어리바리하기도 하고, 실감도 안나고, 기쁜 것은 맞는데 무언가 복잡미묘한 감정이 들었습니다. 솔직히 조금 무섭기도 하고 마음도 무거웠습니다. 그래도 임신이라는 사실 하나는 확실했습니다. 그런데 임신 테스트기가 마치 진단 기준이라도 되는 것 마냥 갑자기 몸살에 걸린 것처럼 춥고 무언가 이상합니다. 별안간 아랫배도 당기는 기분이 들고 감정 기복도 심해집니다. 우습겠지만 갑작스레 졸음도 몰려왔습니다.

과연 남편은 어떤 마음일까요? 기쁘다고 말하지만, 진짜 속마음은 어떨지 궁금합니다. 남편 역시도 아마 묘한 기분에 사로잡힐 것입니다. 가장으로서 책임감의 무게가 더 느껴지겠지요.

제가 만났던 임신부들의 이야기를 들려 드리겠습니다. 물론 각자 처한 상황이 다른 만큼, 임신 소식을 접했을 때 저마다 느끼는 인상도 다를 수밖에 없습니다.

'드라마에서는 기쁨의 눈물을 흘리던데, 왜 기쁘지가 않지? 나는 모성애가 없는 걸까?'라는 생각도 들었다고 합니다. 콩이 엄마는 아기를 낳으면 지금 하는 일들을 못 하게 될 텐데, 남편의 외벌이가 힘들지 않을까 걱정도 된다고 이야기했습니다. 현실직으로 많은 가정에서 느끼는 감정이겠지요.

엄마가 될 마음의 준비도 하지 않았는데 갑자기 찾아온 아이가 마냥 기쁘지 않은 산모도 있습니다. 곰 젤리 같은 아기집으로 인해 인생이 달라질 것을 생각하니, 불안감도 함께 찾아옵니다. 조카를 낳은 언니를 보며 육아에는 자유가 없다는 것을 깨달았기 때문입니다. 동이 엄마는 '내가 그런 인내심이 있을까' 하는 막연한 두려움이 있었다며 감정을 털어놓았습니다.

'부모'라는 존재의 시작

최근에는 결혼을 하지 않는 '비혼족'도 나날이 늘어 가고, 결혼을 해도 아이를 낳지 않는 '딩크족'도 흔히 볼 수 있습니다. 저출산을 사회적, 정치적 문제로 생각하기 위해 꺼내는 말은 아닙니다. 물론 아이가 주는 어려움과 고충도 있지만, 아이로 인해 느낄 수 있는 삶의 가치를 경험해 보는 것도 의미가 있다는 이야기를 하고 싶습니다.

임신 사실을 아는 순간부터 '엄마'라는 존재, '아빠'라는 존재, '부모'라는 존재가 시작됩니다. 부모님의 자녀로 살아 보았고, 한 사람의 배우자도 되어 보았습니다. 그리고 아이가 생기면서 해 본 적 없는 부모라는 역할이 시작됩니다.

밤새 자지 못한 나의 피곤보다는 아픈 아이가 더 중요한 부모의 삶을 경험하게 됩니다. 나보다 더 소중한 존재와 함께 살아가는 행운을 만나게 되는 것이지요. 아마 지금껏 살아온 인생과는 차원이 다른 삶을 살게 될 겁니다. 한번도 느껴보지 못한 행복도 느껴 볼 테고, 가슴 저미는 감동도 느끼게 됩니다. 여태 흘린 눈물과는 다른 종류의 눈물도 흘릴 수 있지요. 부모로서 겪는 다양한 경험 속에서 사람은 많은 것을 배우게 됩니다. 보다 높은 차원의 성장을 하게 되는 것입니다.

아이가 찾아온다는 것은 인생의 스승님이 찾아오는 것입니다. 스승님으로 인해 더 가치 있는 삶을 살라고 새롭게 주어진 기회입니다. 아이가 찾아오면 후진할 수 없는 도로 위를 달리게 됩니다. 더 나은 부모로서의 삶을 살아가는 질주가 시작되었습니다.

'어떤 부모가 되어야 할 것인가?'

'이 아이를 어떻게 길러야 할 것인가?'

이 중요한 숙제가 무겁기만 합니다. 이렇다 할 육아 철학도 없습니다. 철학이 문제가 아니라 당장 닥친 일상의 문제가 더 큽니다. 어제까지도 마시던 맥주를 마실 수 없는 것은 물론이고, 매운 떡볶이도 먹을 수 없습니다. 커피 한 잔의 행복을 느끼고 싶어도 참아야 합니다. 그렇게 좋아했던 맥주도, 커피 한 잔도 참는 이유는 무엇일까요? 사랑하는 한 생명을 만나러 가기 때문입니다. 못 하는 것 투성이일지라도 기꺼이 그 길을 가려고 하는 이가 바로 부모입니다.

인생 최고의 고통과 인생 최고의 감동이 만나는 지점, 출산을 향한 첫 시작을 내딛게 됩니다. '이런 부모가 될 거야'하고 근사한 철학을 내세워 봐도 별수 없습니다. 거창한 육아 계획을 큰 도화지에 그려 본들 실제로는 그렇게 살 수 없을지도 모릅니다. 아이는 내가 계획한 대로 자라지 않을 것이거든요.

임신 중에는 그저 새 생명에 대한 축하와 감사를 전하는 것으로 충분합니다. 내 몸 안에 두 개의 심장이 콩닥콩닥 건강하게 소리치고 있는 것을 느끼기만 해도 됩니다. 마음 편하게 이 행복을 누리기만 해도 됩니다.

감사합니다. 나의 인생 스승님.
함께 노력해 가요.

엄마와 아기는 하나

임신 초기, 버스를 탔을 때였습니다. 어지럽고 속이 메스꺼워 서 있는 것이 너무 힘들었습니다. '저 임산부인데요. 어지러워서 그러니 자리 좀 양보해 줄 수 있을까요?' 마음 속의 간절한 외침은 입 밖으로 나오지 않았습니다. 결국 참지 못하고 다음 정거장에 내렸던 기억이 납니다. 만약 임신 후기의 배가 많이 나온 상태였다면 양보해 주는 사람이 있지 않았을까요? 이처럼 임신 초기에는 임산부라는 것이 외관상으로 드러나지 않습니다. 남들도 알아차리지 못하고, 엄마의 눈에도 보이지 않는 아기입니다. 하지만 아기는 뱃속에서 엄마와 한순간도 떨어지지 않고 연결되어 존재하고 있습니다.

〈퍼펙트 베이비: 1부 태아 프로그래밍〉이라는 다큐멘터리에서 실시한 실험입니다. 엄마가 즐거운 코미디 프로그램을 보는 동안 뱃속의 아기가 발을 힘차게 구부리고 뻗고 움직였습니다. 반면 엄마가 슬픈 영상을 보자 태아의 움직임이 현저히 떨어지는 것입니다. 뱃속의 아기가 움직이는 초음파 영상과 엄마의 표정을 동시에 관찰하니 신비했습니다. 엄마가 느끼는 감정에 따라 뱃속의 아기가 즉각적으로 반응하는 것을 보니, 태교의 중요성과 임산부로서의 경각심을 느낄 수 있었습니다.

토마스 바니의 책《태아는 알고 있다》에도 이와 유사한 실험이 소개됩니다. 에밀 라이놀트 박사(오스트리아의 저명한 산부인과 의사)가 '국제 태아심리학 학술대회'에서 발표한 실험 내용입니다.

임산부에게 아기가 움직이지 않는다고 거짓으로 상황을 전하자, 임산부는 의사의 말에 깜짝 놀랐습니다. 그런데 그전까지만 해도 평온하게 있던 태아는 엄마의 놀란 감정을 감지하고 발을 차기 시작한 것입니다. 라이놀트 박사는 엄마가 위협을 느낄 때, 부신 피질에서 아드레날린의 분비가 많아져서 태아가 이런 반응을 보이는 것이라고 합니다. 이 실험으로 인해 엄마와 아기가 동시에 감정을 느낀다는 것을 알 수 있습니다.

이처럼 눈에 보이지 않지만 태아와 엄마는 태반을 통해서 거의 모든 부분을 공유하고 있습니다. 엄마가 스트레스를 받을 경우, 혈

액 내 증가한 스트레스 호르몬이 태반을 통과하여 아이에게 그대로 전해집니다. 그러면 태아 또한 혈액의 흐름이 빨라져 긴장과 흥분 상태에 놓인다고 합니다. 반대로 엄마가 기분 좋은 감정을 느낄 경우, 태반을 통해 아이도 좋은 감정을 공유합니다.

엄마가 생각하는 것, 엄마가 마음으로 느끼는 것이 아기와 함께하는 10개월 간의 여정입니다. 눈에 보이지 않는 조그만 존재가 같이 웃고 같이 울며 나의 감정을 함께 느끼고 있는 것입니다. 나와 연결된 작은 생명이 나로 인해 많은 영향을 받고 있습니다. 나 혼자가 아니라, 눈에 보이지 않는 아기와 언제나 함께 연결되어 있다고 생각하면 모든 시간이 조심, 또 조심스럽습니다.

태명을 지어요

임신 사실을 알고부터는 태명을 짓습니다. 태명을 지을 때는 아이의 성별이 왠지 더욱 궁금해집니다. 딸이면 엄마와 예쁜 원피스를 세트로 입고 사진을 찍어 SNS에 올리는 상상을 해 봅니다. '좋아요'가 쏟아질 것 같습니다. 아들이면 아빠와 아들 두 남자의 가방을 싸서 1박 2일 캠핑을 보내버리는 상상을 해 봅니다. 남자들만의 끈끈한 추억을 만들 수 있을 것 같습니다.

딸이든 아들이든 의지대로 결정할 수는 없지만, 태명은 우리 부부가 의논하여 의미 있는 이름을 지어 주고 싶었습니다. 저의 경우,

시댁과 친정 어른들께서 아이의 성별로 부담을 주지 않았습니다. 그래서 어른들의 개입 없이 저희 부부의 바람대로 태명을 지을 수 있었지요. 남편과 저는 딸을 원했습니다. 저와 남편은 딸이 예쁘고 지혜로웠으면 좋겠다고 생각했습니다. 그래서 저희 첫째는 '예쁘고 지혜로운 아이'라는 염원을 담아 '예지'로 태명을 지었습니다. 둘째는 행운처럼 찾아와서 태명이 '럭키'였습니다.

이처럼 태명은 엄마 아빠가 아이에 대해 소망하는 바를 담거나, 특별한 추억을 담아 짓는 경우가 많습니다. 신혼 여행지에서 생겼다고 하여 '발리'라고도 하고 힐튼 호텔에서 생겼다 하여 '힐튼이'라는 태명의 아이도 만났습니다. 부부가 생각하는 삶의 가치를 담아 나눔이, 사랑이, 행복이로 짓기도 합니다.

어느 방법으로 짓든 태명을 짓는 것은 이 세상에 아이의 존재를 나타내는 출사표와 같습니다. 그리고 아이에 대한 사랑의 마음을 표현하는 것이기도 하지요. 비록 눈에 보이지는 않아도, 태명을 지음으로써 한 생명을 존중하는 시작점으로 삼습니다.

얼마 전, 중학생이 된 첫째를 차에 태우고 이동하던 중에 아이가 말했습니다.

"엄마 저기, 저기! '예지네 반찬 가게' 있었어. 내 태명이었는데."

태명은 아이가 태어난 이후의 삶에도 의미 있는 이름으로 남아 있었습니다. 그렇다면, 아이의 태명을 어떻게 지으면 좋을까요? 태명 짓기로 하브루타를 시작해 보세요.

태명 짓기 하브루타 순서

① 부부가 함께 태명을 짓는 날을 의논해 보세요.

대화하기 편한 시간을 미리 의논해 보세요. 번뜩 떠오른 이름을 태명
으로 지어도 좋겠지만, 태명을 위해 부부가 시간을 약속하고 마주 앉는
경험도 의미있습니다. 아이를 직접 품지 않은 아빠는 아무래도 아이의
존재에 대한 체감이 덜 될 수밖에 없습니다. 하지만 아이에 관한 일이라
면 작은 일에도 관심을 갖고 아빠가 함께 참여하는 것이 중요합니다. 아
이는 엄마 혼자만의 아이가 아니라 부부 공동의 사랑으로 자라니까요.

② 질문을 품고 대화해 보세요.

어떤 기준으로 어떤 마음을 담아 태명을 지어야 할지 막막할 수 있습
니다. 이때는 떠오르는 느낌이나 질문을 나누며 대화해 보세요. 대화를
하다 보면 질문이 떠오릅니다. 그래도 막막하다면 아래 예시를 참고하
여 우리들만의 질문을 적어 보기 바랍니다.

Q 태명은 어떤 기준으로 지을까?

Q 기억에 남는 일과 연관되게 지어 볼까?

Q 살아가는 데 있어서 가장 소중한 것은 무엇일까?

Q 우리 아기만의 특별함은 어떤 게 있을까?

Q 아이가 컸을 때, 태명을 들려 준다면 어떨까?

Q ....

Q ....

Q ....

Q ....

Q ....

Q ....

Q ....

Q ....

Q ....

③ 대표 질문으로 이야기를 나누어 보세요

모든 질문을 다 나누지 않아도 됩니다. 내가 선택한 질문 하나와 남편
이 선택한 질문 하나를 골라 대표 질문으로 삼아 보세요. 하나의 질문으
로 대화를 진행해도 서로의 생각을 알 수 있고, 좋은 태명이 나올 수 있
습니다.

④ 어떤 태명을 지었나요?

....

....

⑤ 우리 아이의 태명은 어떤 의미가 있나요?

2. 아기와의 첫 대화, 태담
(임신 초기~3개월)

입덧, 새로운 경험의 시작

"아, 어머님이 끓여 주신 탕국 먹고 싶다."

조갯살과 부드러운 쇠고기를 가득 넣어 끓인 뽀얀 국물의 탕국. 첫 아이 입덧을 할 때 먹고 싶었던 음식 중 하나는 바로 시어머니가 끓여 주시는 탕국이었습니다. 음식 솜씨가 좋으신 시어머니는 어떤 음식을 만들어 주셔도 참 맛있습니다. 특히 제삿날에 끓여 주시던 탕국이 입덧을 할 때에 그렇게 먹고 싶었습니다.

그런데 시어머니께서 정성들여 끓여 주신 탕국을 먹고는 다 토하고 말았습니다. 너무 먹고 싶었던 고등어찌개도 마찬가지였습니다. 짭조름한 양념이 잘 배어든 생선살을 상추 위에 얹은 후, 양념을 끼얹고 쌈을 싸서 맛있게 먹었습니다. 그런데 잠시 있으니 속이 안 좋았고, 이내 다 토해 내고 말았습니다. 저는 임신 사실을 알고부터 바로 입덧을 했습니다. 마치 꾀병처럼, 임신이라고 하니 입덧이 느껴지는 것이 신기할 정도였습니다. 둘째 아이를 임신했을 때에도 임신인 것을 알고부터 입덧이 시작되었습니다. 입덧으로 임신의 시작을 실감하게 된 것이지요.

태교 시간에 만난 임신부들 중에는 입덧이 너무 심해서 입덧 약을 먹는 분도 있었습니다. 한 분은 자신이 이렇게 예민한 사람인지 몰랐다고 합니다. 세상의 모든 냄새가 다 코로 감지되고, 냄새가 나면 자연스레 구토로 연결되어 마치 시체 놀이를 하는 것 같이 힘들었다고 털어놓았습니다.

입덧의 원인은 아직 정확하게 밝혀진 바가 없다고 합니다. 유전이라고도 하지만 저의 경우에는 유전이 아니었습니다. 입덧이 심하지 않았던 엄마에 비해 저는 입덧을 심하게 했으니까요. 일각에서는 임신을 통해 호르몬 수치에 많은 변화가 생기기 때문이라고 합니다. 어떤 호르몬이 입덧에 어떻게 영향을 주는지 알 수는 없지만, 참 신비한 몸의 현상 중 하나입니다.

저는 아기가 보내는 신호가 바로 입덧이라는 생각이 들었습니다. 자신은 아직 외부로 드러나지도 않고 스스로를 보호할 수도 없으니, 자신을 보호해 달라는 신호를 엄마에게 입덧으로 보내는 것이지요. 뱃속 자신의 방에서 튼튼하게 자리 잡을 때까지만 말이에요. 아기는 입덧을 통해 적극적으로 생존 의사를 표현하는 것입니다.

태담 태교 하브루타

> "나는 태담 할 때 ＿＿＿＿＿＿＿＿ 감정이 들었다."

위의 빈칸을 채우는 활동으로 태담 태교 하브루타 수업을 시작했습니다. 태담이란 '임산부나 남편 또는 그 가족이 태교를 위하여 태아에게 말을 건네는 일 또는 그런 말이나 대화'입니다.

> "나는 태담을 할 때 아무도 없는데 혼자 말하니 민망하다는 감정이 들었다."
> "나는 태담을 할 때 아기가 발로 차니 신기한 감정이 들었다."
> "나는 태담을 할 때 엄마가 말이 없는 편이라 아기에게 미안한 감정이 들었다."
> "나는 태담을 할 때 어떻게 할지 몰라 막막한 감정이 들었다."

빈칸을 채워 보면서 엄마들이 태담에 대해 어떤 감정을 느끼는지 알 수 있었습니다. 태담 태교는 시간과 장소의 제약 없이 일상에서 손쉽게 할 수 있음에도 불구하고 '막막하고, 어색하고, 낯설어서' 어려움이 있다고 합니다.

태교 시간에 만난 한방이 엄마도 태담을 할 때에 막막한 기분이 들었고, 어렵게 생각하다 보니 점점 하지 않게 되었습니다. 그러니 아기에게 미안한 마음만 갖고 있었습니다. 그런데 태담 태교 하브루타를 배워서 시도해 보니 생각만큼 어렵지도 않았고, 무엇보다 태담할 때 아이가 발차기를 하는 등 교감을 하는 느낌이 들어서 이제 자주 태담을 할 수 있을 것 같다고 합니다.

과연 어떤 말로 시작 해야 할까요? 뱃속의 아이와 어떤 대화를 하면 좋을지 막막하다면, 태교 시간에 엄마들과 나누었던 질문에서 힌트를 얻을 수 있답니다.

"어떤 태담을 해야 할까?"
"혼자 말하는 태담도 효과가 있을까?"
"아기가 정말 듣고 있을까?"
"아기가 공감을 할까?"
"같은 말을 반복해서 들려주는 게 좋을까, 새로운 말을 들려
주는 게 더 좋을까?"
"아기는 언어를 이해할 수 없는데, 긍정적인 태담과 부정적인
태담을 구분할 수 있을까?"

엄마들의 질문에는 일상에서 경험하는 고민들이 고스란히 드러나기 마련입니다. 그래서 서로 궁금한 점을 나누는 이야기 자체가 태담이 되곤 하지요.

임산부라고 해서 매일 좋은 말을 하지 않습니다. '뱃속의 아기가 듣고 있으니 좋은 말을 해야지'라고 생각하지만, 감정 기복도 심해지고 오랜 시간 집에 있을 때에는 우울감도 밀려 옵니다. 별것 아닌

데도 남편에게 화가 나고, 결혼하고 타지에서 살다 보니 외롭기도 합니다. 임산부는 좋은 말만 하지 못한다는 게 대부분의 이야기였습니다.

그래서 부정적인 말도 많이 했는데 아기가 들었으면 어쩌나 하는 마음에 '아기는 언어를 이해할 수 없는데, 긍정적인 태담과 부정적인 태담을 구분할까?'라는 생각이 들었던 것입니다.

말(언어)에 대한 실험 영상이 한 가지 있습니다. 두 개의 병에 똑같은 밥을 나누어 담고, 하나의 병에는 "고맙습니다, 사랑합니다"라는 예쁜 말을 들려줍니다. 그리고 나머지 병에는 "짜증나!"라는 미운 말을 들려주는 실험입니다. 한 달 뒤, 결과는 어떻게 되었을까요? 예쁜 말을 들려준 밥에서는 구수한 누룩 냄새가 나고, 하얗고 아름다운 곰팡이가 생겼습니다. 반면 나쁜 말을 들려준 밥에서는 고약한 냄새가 나고, 검게 썩어버린 것을 볼 수 있었습니다. 정말 신기하게도 말을 들려준 것만으로도 확연한 차이를 보이는 밥이었습니다.

에모토 마사루의 《물은 답을 알고 있다》에서도 비슷한 내용을 찾아볼 수 있습니다. 음악이나 말의 분위기에 따라 물의 결정이 달라진다는 것입니다. "고마워, 사랑해"라는 말을 들려준 물은 그 결정이 정말 아름다웠습니다. 보이지 않는 말에도 분명 에너지가 있고 영향력이 있습니다. 예쁜 말, 고운 말을 들려주면 아기도 좋은 영향을 받는다는 것을 알 수 있습니다. 아기는 언어를 이해하는 것이 아니라 엄마가 말을 하며 느끼는 감정을 느낍니다. 엄마가 듣기에 기분 좋은 말을 하면 아기도 기분 좋은 감정을 느끼게 됩니다.

한편, 위의 실험을 보니 부정적인 말을 내뱉었던 시간이 걱정됩니다. 엄마는 늘 예쁜 말만 하는 게 아니니까요. 하지만 괜찮습니다. 아이는 미운 말의 영향이 전해진 시점에 멈춰 있는 게 아닙니다. 아기는 뱃속에서도 자라고 태어나서도 자라고 있습니다. 아이가 자라는 동안 나쁜 말보다 예쁜 말의 영향을 더 많이 받을 수 있도록 마음을 기울이면 됩니다. 말에 에너지가 있다는 것을 알았으니, 지금이라도 예쁜 말로 에너지를 바꿔줄 수 있습니다.

엄마가 우울하기도 했고, 기분이 안 좋았어. 소중한 너를 품고 있는데도 기분이 늘 좋은 건 아닌 것 같아. 그런데 그게 바로 엄마의 움직이는 마음이었어. 엄마도 사실 마음이 왔다 갔다 하거든. 늘 좋은 말만 하고 살 수는 없나 봐. 미웠던 말은 못 들은 걸로 해 줄래? 오늘 다시 예쁜 말을 들려줄게. 엄마는 자신 있게 말할 수 있는 예쁜 말이 있단다. 그건 바로 사랑한다는 말이야. 너를 사랑해. 아주아주 많이 사랑해.

미웠던 말을 지우고 아름다운 말로 덧칠을 해 봅니다. 사랑하는 마음이 더 많은 것은 사실이니까요.

"혼자 말하는 태담도 효과가 있을까?"라는 질문에도 답을 찾은 것 같습니다. 어느 날, 사랑이 엄마는 혼자 아기에게 말하는데 아기가 '물컹' 하고 움직이는 것이 느껴졌다고 합니다. 그리고 이렇게 이야기했습니다. "선생님, 아기가 제 말을 듣고 대답하는 것 같아요. 나쁜 말을 했던 엄마를 이해해 준다는 대답을요."

태담은 태아의 뇌 발달에도 도움이 됩니다. 태아의 신경조직은 시각, 청각, 후각, 미각, 촉각과 같은 감각 자극을 통하여 연결되고 발달됩니다. 그러니 태담을 통한 청각 자극으로 뇌가 발달할 수 있지요. 엄마가 혼자 하는 말이라고 해도 엄마의 목소리를 통해 태아의 청각이 자극되니 효과적이라고 할 수 있습니다.

아기가 세상에 태어나면 태담의 중요성은 더욱 잘 느껴집니다. 출생과 동시에 열 달 간 뱃속에서 들었던 소리들은 사라집니다. 엄마의 심장 소리가 사라지고 이전과 너무 달라진 환경 때문에 아기는 불안할 수밖에 없습니다. 뱃속에서 나를 보호하고 있던 모든 세상이 사라진 것이나 마찬가지입니다. 이때 태담으로 뱃속에서 들었던 엄마의 목소리를 들려주면 안정감을 찾을 수 있습니다.

사람의 목소리에는 저마다 독특한 음색이 있습니다. 뱃속에서 듣던 목소리를 바깥 세상에서 듣는다고 해서 음색이 달라지지는 않습니다. 태담을 통해 엄마의 목소리를 지속적으로 들었던 아이는 뱃속과 세상의 다리 역할을 하는 목소리를 알 수 있습니다.

　신기하게도 실제로 갓 태어난 후 울음을 터뜨리는 아기를 엄마의 심장 가까이에 안겨 주면 점차 울음을 그치는 반응이 나타난다고 합니다. 이는 뱃속에서 들었던 엄마의 심장소리를 기억하고 안정감을 느껴 울음을 그치는 것으로 예측할 수 있습니다. 또한 뱃속에서 들었던 엄마의 목소리를 들으면 세상 밖에도 안전하게 나를 지켜 줄 수 있는 사람이 있다는 것을 아기가 알게 됩니다. 이처럼 태담은 아이의 안정과 발달에 중요한 태교입니다.

　태담을 할 때에는 목소리를 꾸미거나 구연동화처럼 과장하지 않아도 됩니다. 목소리보다는 오히려 안정된 마음이 더 중요합니다.

　편안한 장소와 편안한 자세를 잡고 태담하기 바랍니다. 단, 장소는 매번 똑같지 않을 수도 있습니다. 길을 걷다가도, 샤워를 하면서도 태담을 할 수 있기 때문입니다.

언제든 아기에게 말을 걸어 보세요. 이제 엄마가 아이에게 들려주고 싶은 말을 시작해 보세요. 어떤 말이라도 좋지만 무엇을 말해야 할지 떠오르지 않는다면 태담 태교 하브루타를 통해 시작해 보세요.

태담 태교 하브루타 순서

① 태담하면 떠오르는 질문을 써 보세요.

질문을 쓰다 보면 태담의 전반적인 이해에 도움을 얻을 수 있습니다. 방법부터 지속성, 즐거움, 질문에 대한 답을 알아가면서 태담 태교를 시작할 수 있답니다.

> Q 태담은 왜 하는 것일까?
>
> Q 나는 태담하는 것이 왜 어려울까?
>
> Q 태담은 순서가 있을까?
>
> Q 남편을 태담에 참여시키는 방법은 무엇일까?
>
> Q 매일 지속하려면 어떻게 하면 좋을까?
>
> Q 참고할 만한 태담 방법이 있을까?

② 질문에 대해 서로 대화해 보세요.

질문을 하고 생각을 나눌 수 있는 사람이 있으면 더 좋습니다. 다양한 생각을 들을 수 있고, 그로 인해 내 생각도 확장되기 때문입니다. 남편과 대화해도 좋고 함께 태담을 할 수 있는 임산부들이 있다면 더욱 효과적입니다.

③ 실제로 말해 보세요.

태담은 말소리를 아기에게 들려주는 것입니다. 질문을 통해 태담의 방식을 선택했다면, 이제 입으로 말해 보세요. 아는 것에 그치는 것이 아닌, 뱃속의 아기와 태담으로 교감하는 실제적 경험이 더 중요합니다.

④ 정보를 적극적으로 찾아 보세요.

질문으로 시작해 태담에 대해 파고들어도 좋습니다. 관련 도서나 인터넷을 활용하면 지식의 범위를 넓힐 수 있고, 보다 효과적으로 태교를 할 수 있답니다.

다양한 태담법

■ 일상의 말을 들려주기

말 그대로 엄마가 일상에서 본 것 또는 떠오르는 생각, 기분 등을 자유롭게 말하는 태담 방법입니다. 뱃속의 아기도 세상 밖이 궁금하지 않을까요? 아기가 태어나서 보게 될 세상을 엄마가 미리 알려준다고 생각하고 말을 들려주세요. 대단한 이야기를 하지 않아도 된답니다. 사소한 엄마의 일상을 그림 그리듯 들려주세요.

아가야, 오늘은 보슬비가 내리는 날씨야. 창밖으로 보이는 뿌연 하늘을 보니 물방울을 솔솔 뿌려 주고 있는 것 같아. 어제는 겨울이 지나가고 봄이 다가오는지 따뜻한 공기를 내뿜었는데, 오늘은 물방울이네. 아가야, 하늘에서는 따뜻한 공

기를 내뿜고 물방울을 뿌려 주기도 해. 얼마나 신기하고 재미

있는 게 많은 세상인지 몰라. 엄마가 눈으로 본 세상을 엄마

의 목소리로 들려주고 싶어. 네가 태어나면 이 신비한 세상을

너의 눈으로 마음껏 보고 마음으로 느껴 보렴.

■ 단어로 태담하기

태담하면 떠오르는 단어나 느낌을 써 보세요. 쓰면서 말로 소리

내어 봐도 좋습니다. 아주 사소한 대화인 태담이 어렵게 느껴지는

이유는 막연하기 때문입니다. 떠오르는 것을 적으면 구체적으로

눈에 보이기 때문에 태담을 하는데 도움이 됩니다. 아래 방법을 참

고하여 단어를 써 보세요.

첫째, 키워드만 써 보기

종이 한 장에 핵심 키워드만 적어 보세요. 눈에 보이는 것부터 추

상적인 마음 등 떠오르는 다양한 생각을 써 보세요.

예시: 과일, 동물, 자동차, 우울함, 사랑, 뱃속, 직장, 보다(see) 등

둘째, 마인드 맵으로 써 보기

상위 영역의 단어에 따라 하위 영역의 단어를 여러 가지 생각해

내면 발산적 사고를 할 수 있습니다. 한 단어에서 다음 단어가 떠오

르며 자연스럽게 생각이 연결됩니다. 창의적인 생각에 도움이 되

고 태담에 사용하는 단어량이 많아집니다.

예시:

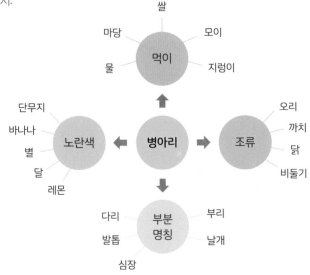

■ 그림카드로 태담하기

그림을 보면서 떠오르는 단어를 말해 보는 방법입니다. 가능한 많은 단어를 떠올리고, 직접 쓰면서 태담을 해 보세요. 그리고 왜 그런 단어가 떠올랐는지 아기에게 이야기를 들려주세요. 엄마의 즐거운 감정을 아기도 느낄 것입니다. 무작정 아무 말이나 하기 어려울 때에는 최소한의 단서라도 있으면 태담이 조금이라도 쉬워집니다.

그림카드의 이미지를 보면 시각이 자극되어 태아의 뇌 발달에도 좋은 영향을 줄 수 있답니다. 그림을 구석구석 관찰하는 마음으로 자세히 바라보세요. 그다음, 눈을 감고 방금 보았던 그림을 떠올려 보세요.

■ 아빠와 함께 태담하기

과학적으로 남성의 저음이 공명을 뚫고 아기에게 더욱 잘 전달된다고 합니다. 이러한 이유로 아빠의 목소리로 하는 태담이 더 효과적이라고도 하지요. 제가 생각하기에는 과학적인 이유 외에도, 남편의 태담이 효과적인 이유가 더 있습니다.

남편이 뱃속을 바라보고 말을 건네면 남편을 바라보는 아내의 기분이 좋아집니다. 목소리의 높낮이를 떠나, 남편의 태담은 아기를 품고 있는 엄마의 감정을 좋게 만들지요. 아빠의 목소리가 꼭 저음이 아니더라도 사랑하는 아내와 아기를 위해 태담을 한다면 효과적인 아빠 태담이 됩니다.

말이 어색하다면 아내의 배를 쓰다듬으며 아기에게 인사를 건네주어도 충분합니다. 가족을 사랑하는 마음과 표현이 그 어떤 화려한 태담보다 효과적입니다. 아빠가 하는 태담의 중요성을 알지만, 어떻게 해야 할지 잘 모르겠다면 아래와 같은 방법을 참고해 보세요.

① 'ㄱ'이 들어가는 단어를 찾아 떠올려 보세요.

예시: 고구마, 강, 가방, 고릴라, 고래, 곡식, 고추, 국기, 협곡, 지구 등

② 부부가 함께 대화를 할 때는 번갈아 가면서 하나씩 단어를 이야기 합니다. 더 이상 생각나지 않는 사람이 지는 게임 방법으로 해도 재미있습니다. 메모지 또는 태교 노트에 번갈아 가면서 써 보는 것도 좋습니다.

③ 가능한 많은 종류의 단어를 떠올려 보세요. 자음이 들어가는 단어를 떠올렸다면 모음으로도 단어를 떠올려 태담해 보세요.

예시: 'ㅏ'가 들어가는 단어 → 아버지, 라면, 자두, 바나나, 나무…

TIP

'ㄱ'이라고 해서 첫 글자에 한정 지어 생각할 필요는 없습니다. '지구'처럼 두 번째 음절에 'ㄱ'이 있는 단어도 떠올려 보세요. 가운데나 끝 또는 받침에 'ㄱ'이 있는 다양한 단어를 떠올려 보세요. 자음 놀이 하나로 다양한 생각을 하다 보면 엄마의 창의성도 발달하게 됩니다.

④ 듣고 싶은 태담을 남편에게 이야기해 보세요. 남편은 아내의 말을 듣고 태담해 줍니다.

3. 본격적인 태교의 시작
(4개월~6개월)

헤매면서 배우는 태교

"아기를 바로 가질 생각까진 없었는데 결혼하고 금방 아기가 생겼어요. 결혼 생활도 처음 시작하는 데다가, 엄마도 처음 시작을 하게 되었어요."

나눔이 엄마는 갑자기 너무 많은 환경의 변화를 겪은 경우였습니다. 결혼하고 남편을 따라 연고가 없는 도시에서 살게 되었고, 그후 바로 임신을 했습니다. 게다가 시어머니께서 손주를 반기셔서 태교에 대한 부담도 만만치 않았지요.

나눔이 엄마는 당시 태교에 대한 부담은 있었지만, 아무런 지식도 없고 방법에 대한 확신도 없는 상태였다고 털어놓았습니다. 그런 이유로 처음에는 유튜브 동영상을 보며 태교를 했다는 이야기도 들려주었지요. 물론 오랜 시간 영상을 보는 것은 전자파에 노출이 되고, 정서에도 좋지 않은 것을 알지만 한 번 틀어놓으면 몇 시간이고 보게 되었습니다. 그러다 아기에게 혹시 안 좋은 영향이 갈까 봐 태교 수업을 찾은 것입니다.

엄마가 되는 순간, 서툴고 익숙하지 않은 일들이 눈앞에 펼쳐집니다. 여기서 중요한 것은 바로 실천하는 태도입니다. 처음은 누구에게나 낯설지만 조금만 살펴보고 할 수 있는 것들을 실천하면 생각보다 많은 도움을 얻게 됩니다. 헤매기도 하지만 다시 또 방향을 잡아가는 것 또한 태교라고 할 수 있지요.

저의 서툴렀던 첫 고속도로 운전 경험도 나눔이 엄마의 경험과 비슷했습니다.

"네비게이션 맞추고 천천히 운전하면 한 시간 반 정도면 도착할 거야. 조심히 운전해서 와."

다른 도시에 사는 동생의 집에 놀러 간 아이들을 데리러 가기 위해, 혼자서 핸들을 잡고 고속도로 운전을 감행했습니다. 분명히 조수석에 앉아서 가 봤던 길인데도 직접 핸들을 잡으니 주변 환경도 낯설고 네비게이션을 보는 것도 서툴렀습니다. 400미터 앞의 우회전 구간도 실수로 지나쳐 버리고 말았습니다. 고속도로는 돌아갈 수가 없으니 일단 직진을 했습니다. 그다음에 안내 받은 길은 조수석에서도 본 적이 없던 길이었습니다. 계속되는 낯선 길을 두 시간이 넘게 달렸지만, 네비게이션에 표시된 도착 시간까지는 한 시간이나 남아 있었습니다. 운전은 하고 있지만 마음이 점점 불안했습니다. 적당한 갓길에 차를 잠시 세우고, 목적지가 올바른지 확인을 했습니다. 아마 지나온 길을 다시 안내 받으면서 국도로 들어가 버린 듯했습니다. 그날, 저는 밤이 늦어서야 겨우 도착할 수 있었습니다.

모두가 처음은 서툰가 봅니다. 익숙하지 않다 보니 시행착오도 경험합니다. 운전에 서툴다면 무작정 운전대를 잡기 전에 길을 한번 살펴보는 것도 도움이 되었을 텐데, 이 또한 시행착오를 경험한 뒤 알았습니다. 태교도 마찬가지입니다. 어떤 태교가 도움이 되는지 한번 살펴보는 것으로도 시행착오를 줄일 수 있습니다. 태교의 경험이 없다고 해도, 미리 살펴본다면 불안해하지 않고 여행하듯 태교를 해 볼 수 있지요. 재미도 있고 아이와 교감할 수 있는 태교가 생각보다 많답니다.

어떤 소리가 들릴까?

'뱃속의 아기에게는 어떤 소리가 들릴까?'라는 연구 주제로 2000년 7월, 서울중앙병원 김안 교수팀에서 한 가지 실험을 진행했습니다. 하이드로폰이라는 특수 소형 수중 마이크를 자궁 안으로 삽입하여, 엄마의 뱃속에서 들리는 소리를 관찰하는 실험이었습니다. 실험 결과, 자궁 안에서는 네 가지의 두드러지는 소리를 들을 수 있었습니다.

첫 번째는 엄마의 심장 박동 소리입니다. 심장 박동 소리는 규칙적으로 분당 70~80회가 들렸습니다. 두 번째는 엄마의 장에서 '보글보글'거리며 나는 소리입니다. 음식이 소화되기도 하고, 장에서 음식이 움직이는 소리를 들을 수 있었습니다. 세 번째는 자궁 내 동맥의 혈류 소리입니다. 이는 엄마의 맥박처럼 규칙성을 갖고 있었습니다. 네 번째는 외부의 소리입니다. 엄마의 배 옆에서 이야기를 들려주자 뱃속에서 비교적 또렷하게 말소리가 들립니다.

이 실험을 통해 뱃속의 아기는 엄마가 외부에서 들려주는 태담이나 음악 소리를 또렷하게 듣고 있다는 것을 알 수 있습니다. 그런데 이 소리들이 아기에게 어떤 영향을 줄까요?

KBS〈첨단보고 뇌과학〉제작팀에서 지은《태아성장보고서》에 의하면, 자궁 안에서 들리는 소리의 크기를 측정해 보니 60데시벨 이상이었습니다. 몇 가지 예시를 들자면 조용한 사무실은 40데시벨, 일상 대화의 경우 60데시벨, 버스 안은 80데시벨, 지하철 안은 100데시벨, 천둥 소리는 120데시벨 정도라고 합니다. 태아가 듣는 소리는 조금 시끄러운 사무실 소리 정도입니다. 하지만 이 소리가 커지거나 지속되면 태아는 스트레스를 받을 수 있습니다. 소음으로 인한 스트레스는 태아에게 치명적인 피해를 줄 수 있으니 유의해야 합니다.

《태교는 과학이다》의 저자 박문일 교수에 의하면 외부에서 시끄러운 소리가 들릴 때, 태아는 잠시 호흡을 멈춘다고 합니다. 왜 호흡을 멈추는지는 명확히 밝혀지지 않았지만 아마도 외부 환경에 경계하는 반응의 일종으로 해석됩니다. 이 내용을 통해 소음의 환경을 지속하지 않도록 유의해야 한다는 것을 알 수 있습니다.

그러면 아기에게 어떤 소리를 들려주면 편안하고 긍정적인 반응을 보일까요? 뱃속의 아기에게는 편안한 마음으로 들려주는 엄마의 목소리와 일상의 소리가 좋다고 합니다. 아기는 일상의 소리 중에서도 엄마의 목소리를 좋아하지요.

엄마가 말을 걸어 주면 편안하고 안정적인 심장 박동이 전해지지만, 큰 소리가 지속되면 아이는 소음으로 받아들입니다. 아이가 듣는 외부의 소리가 소음이 아닌, 엄마가 건네는 기분 좋은 신호가 될 수 있도록 편안한 태교를 해 보세요.

음악 태교 하브루타

"음악 태교는 엄마가 듣는 걸까, 아이가 듣는 걸까?"

"어떤 음악을 들어야 하는 걸까?"

"음악 태교를 하면 무엇이 좋을까?"

"헤드폰을 끼고 들어도 음악 태교 효과가 있을까?"

"지루하게 느껴지는 클래식도 효과가 있는 걸까?"

"태교 음악을 검색하면 왜 자장가 같은 음악만 나올까?"

음악 태교 시간에 예비 엄마들이 갖는 질문들입니다. 행복이 엄마는 '클래식을 들으면 지겹고 졸린데, 억지로 듣는 게 맞을까요? 정말 효과가 있을까요?'라는 질문으로 짝과 이야기를 나누었습니다. 짝과의 이야기 끝에 음악에 문외한이거나 잘 듣지 않아서 지루하게 느껴진다는 결론을 내렸습니다.

제가 명화에 관심을 가지게 된 계기는 《반 고흐, 영혼의 편지》를 읽고부터입니다. 열악한 환경에서도 그림에 대한 애정을 불태웠고, 그림과 떨어질 수 없었던 그의 삶을 알게 되고부터 관심을 가지게 되었습니다. 이후 반 고흐 미술관도 찾아갔고, 고흐와 관련된 다른 책도 찾아 읽게 되었으며, 고흐의 그림이 보이는 곳이면 발을 멈추게 되었습니다. 고흐라는 사람을 알게 되면서 그 사람과 관련된 것들이 더욱 궁금해졌습니다.

음악 또한 그런 것 같습니다. 행복이 엄마처럼 잘 모르다 보니 관심도 없어지고 음악을 들어도 잠이 오는 것이지요. 행복이 엄마는 음악 태교를 통해 비발디를 알게 되면서 클래식에 대해 흥미를 가질 수 있었다고 합니다. 행복이 엄마에게 있어서는 비발디가 저의 고흐와 같은 존재인 것 같습니다.

비발디는 칠삭둥이로 태어났고 천식도 앓았으며 매우 유약했습니다. 하지만 성 마르코 성당의 바이올린 연주자였던 아버지의 영향을 받았는지 음악적 재능이 뛰어났지요. 그런 비발디는 〈사계〉

라는 곡을 지었는데, 당시로서는 낯선 개념인 표제 음악을 시도했습니다. 각 계절의 모습과 풍경을 묘사한 소네트(정형 서정시)에다 곡을 붙여 '음(音)으로 그린 풍경화'를 만든 것입니다.

아래는 비발디의 〈사계〉 중 봄의 소네트 내용입니다.

> 따뜻하고 생동감 넘치는 봄이 왔다. 새들은 즐거운 노래로 봄을 맞이한다. 산들바람에 유혹된 시냇물은 졸졸졸 달콤한 소리로 속삭인다. 먹구름과 번개가 하늘을 달리고 뇌성이 봄이 왔다고 알린다. 폭풍은 멎고 새들은 경쾌하게 노래하기 시작한다.

이 내용을 들으니 비발디가 음표로 그린 봄의 장면이 상상됩니다. 비발디의 〈사계〉 중 봄을 듣고 난 후에는 또 다른 질문들이 생겼습니다.

"나의 봄은 언제인가?"

"아이는 봄을 어떻게 느낄까?"

"번개가 치는 느낌의 저 소리는 어떤 악기로 연주한 것일까?"

"이 음악을 그전에는 왜 끝까지 못 들었을까?"

"이 음악을 듣고 생각나는 봄의 추억은 무엇일까?"

"비발디는 이 음악이 유명해질 것이라고 예상했을까?"

"이 음악이 주는 메시지는 무엇일까?"

질문을 통해 다양한 생각을 나눌 수 있었습니다. 사랑이 엄마와 평강이 엄마는 각자가 가진 봄의 추억을 서로 들려주기도 했습니다.

몇 년 전, 벚꽃이 필 때 뒤엉킨 주차 전쟁을 뚫고 어렵게 진해 벚꽃 축제를 찾았다고 합니다. 축제 장소에 도착하자, 많은 인파와 주차의 고충을 보상 받기에 충분할 만큼 예쁜 풍경이 펼쳐졌습니다. 따뜻한 봄 햇살에 연분홍빛의 벚꽃이 날리는 장면과 봄바람의 내음이 너무 아름답고 좋아서 그때의 추억이 오랫동안 기억에 남는다고 했습니다.

비발디가 살았던 300여 년 전에도 똑같이 봄이 찾아왔습니다. 예비 엄마에게 앞으로의 봄은 아이와 함께 맞이하게 될 계절입니다. 엄마의 입장에서는 아이와 함께 맞이할 봄이 또 어떤 추억으로 남을지 기대되는 것입니다. 이런 이야기들을 듣고 있으니 음악이란 과거에도 살다 올 수 있게 하고, 미래도 상상하게 하는 존재라는 생각이 듭니다.

음악을 그저 듣기만 했다면 느낄 수 없는 감동입니다. 하브루타를 통해 질문하고 이야기를 나누면서 자연스럽게 뱃속 아기에게도 긍정적인 영향을 줄 수 있습니다. 평강이 엄마는 음악 중 번개가 치는 부분에서 평강이가 발로 차는 것을 느꼈다고 합니다. 태아가 놀라서 그런 것인지, 기분이 좋아서 그런 것인지는 알 수 없지만, 마치 아기도 함께 음악을 듣고 있는 듯한 신기한 경험이었다고 합니다. 태아는 4개월에 청각이 생기고 점차 발달해서 소리가 나는 쪽으로 비스듬히 고개를 돌리기도 합니다. 아마 비발디의 '봄'을 같이 들고 있었겠지요?

태아는 외부의 소리를 들으며 발달하기 때문에, 음악 태교를 통해 아기와 소통하는 것은 중요합니다. 〈첨단보고 뇌과학: 제1부 두뇌혁명이 시작되다〉라는 다큐멘터리의 브랜트 로간 박사(태아기연구소, 로간 시스템 개발자)는 음악과 태아의 뇌발달에 관한 연구에서 다음과 같은 사실을 전해 주었습니다.

로간 박사는 음악을 들려주면 태아는 '분명 들은 적이 있는데… 아, 알겠어!' 하고 알아듣는다고 합니다. 또한 음악을 들으면 뇌세포간의 신경망이 활발히 이어져 태아의 뇌가 발달한다고 합니다. 그리고 아기는 들었던 음악을 기억하는 능력이 있기 때문에, 학습 능력을 강화할 수 있다고 덧붙였습니다. 태어난 아기에게 비빌디의 '사계'를 들려주면 아기는 어떤 반응을 보일까요? 뱃속에서 엄마와 함께 들었던 것을 기억할까요? 태아와 엄마는 태반을 통해서 거의 모든 부분을 같이 공유하고 있기 때문에, 엄마가 비발디 음악을 기분 좋게 들었던 감정을 아기도 같이 느낄 수 있습니다.

여러 자료에서도 음악 태교로 엄마가 기분이 좋으면 태아의 엔도르핀도 증가되어 긍정적인 영향을 준다는 것을 알고 있습니다. 엔도르핀의 증가는 스트레스 호르몬을 줄여 주니 태아 또한 안정감과 행복감을 느낄 수 있습니다. 이러한 점으로 미루어 보아, 엄마가 들었을 때 가장 정서적으로 안정감을 느끼고 기분 좋은 감정이 드는 음악을 듣는 것이 좋습니다. 클래식 음악이 아니어도 엄마가 가요를 좋아하면 가요를 들으면서 기분 좋은 감정을 느끼고 편안함과 행복감을 느끼는 것이 중요합니다. 단, 박자가 너무 빠르거나 소리가 큰 음악은 혈액의 흐름이 빨라지게 되고 흥분되므로 엄마가 안정감을 느끼는 박자와 소리를 선택하는 것이 중요합니다.

하지만 지속적으로 음악을 틀어 놓는 것은 제한합니다. 10~20분 정도만 들어도 충분합니다. 많이 듣는 것보다도 아기와 함께 있다는 기분을 느끼고 아기와 교감한다는 마음으로 음악을 듣는 것이 더 중요합니다. 다른 소리는 차단하고, 하던 일들도 멈추고 편안한 분위기를 만들어서 음악 태교를 하기 바랍니다.

또한 음악 태교라 하여 기계를 통해 듣는 것으로만 한정하지 않기 바랍니다. 아이가 좋아하는 엄마의 목소리로 노래를 불러 주는 음악 태교도 시도해 보세요. 엄마가 음치여도 엄마의 목소리를 들

려주는 음악 태교가 기계음보다 더 안정감을 줄 수 있습니다. 아기가 태어난 이후 같이 놀면서 들려줄 동요를 뱃속에서 미리 들려주는 것도 좋은 음악 태교 입니다. 그 밖에 새소리, 파도 소리 등 자연의 소리도 훌륭한 음악 태교가 될 수 있습니다.

음악 태교 하브루타 순서

① 음악 태교로 먼저 떠오르는 느낌이나 생각을 이야기 나눕니다. 질문 작성을 바로 시작해도 좋습니다.

② 질문 중에서 이야기를 나누고 싶은 질문을 선택하여 이야기를 나누어 봅니다. 혼자 스스로 답해 보이도 좋습니다.

③ 음악에 대한 자세한 정보를 찾아봅니다. 작곡가나 음악의 배경 등 감상 포인트를 찾아보면 음악이 더 흥미로워집니다. 작곡가의 이야기 하나로 따분했던 음악을 더욱 의미있게 느낄 수 있지요. 음악이나 작곡가에 대한 정보를 찾아보세요.

④ 음악을 듣고 어떤 감정이 드는지 표현해 봅니다. 태담처럼 아기에게 이야기를 들려주어도 좋고, 그림을 그려도 좋습니다. 만약 그림 그리기가 부담스럽다면 만다라 색칠하기 자료를 색칠하면서 음악을 감상하는 방법두 추천합니다.

그림을 활용하여 음악 태교를 할 수 있습니다.

① 가족의 모습이 그려진 그림을 눈으로 바라본다.

② 엄마가 느끼는 기분을 아기에게 전달한다.

③ 유튜브 또는 음악 앱을 통해 '당신은 사랑받기 위해 태어난 사람'이라
는 곡을 준비한다.

④ 음악을 들으며 행복한 가족의 모습을 그려 본다.

⑤ 몇 차례 반복하여 그린다. 덧입혀도 되고 여러 번 반복하여 그려도 무
방하다.

도안이 필요하다면 QR 코드를 찍어 보세요!

<감사일기 한줄>

　임신이라는 순간을 맞이하는 오늘입니다. 나의 몸과 마음이 모두 건강하다는 것을 알 수 있어 고맙습니다. 새로운 생명이 찾아온 덕분에 모든 순간이 축복입니다. 고맙습니다.

---

* 현재 자신의 기분을 솔직하게 글로 쓰면서 감사한 마음을 담아 보세요.

4. 다양한 태교
(6개월~9개월)

코로나 블루에 갇히다

새벽마다 노느라 바쁜 꼬물이의 이야기입니다. 혼자 뭐가 그리 바쁜지 밤낮으로 태동이 활발합니다. 불쑥 솟아오른 배가 옆으로 스윽 이동할 때 엄마의 입에서는 '윽' 하는 소리가 나올 뻔합니다. 뱃속에서 꿈틀대며 움직이고 놀 때면 뭉클하기도 하고 신기하기도 합니다. 살아서 움직이는 생명체가 뱃속에 있다고 생각하니 엄마도 뭔가를 해야 할 것 같습니다. 임신 중기에 접어 들면 본격적으로 태교를 해야 하나 싶어 마음이 불안해지기도 합니다.

꼬물이 엄마는 미뤄 온 동화책을 사러 산책 겸 서점으로 걸어갔습니다. 사실 꼬물이 엄마는 책이랑 친한 사이가 아니었다고 합니다. 그러다가 그림책 태교 수업에 한번 참석한 뒤 관심을 가지게 된 것이지요.

'아, 그림책으로 태교하면 어렵지 않게 아기와 많은 이야기를 할

수 있겠구나.'

평소에 어떤 책이 좋은지 관심이 없었던 터라 책을 고르는 것도 어려웠던 꼬물이 엄마는 신간 코너에서 마음에 드는 그림책 몇 권을 사 옵니다. 집에 도착한 후, 책을 펼쳐 읽기는 했지만 '이렇게 하면 아기가 듣고 있기는 한 걸까?'라는 생각과 '어떻게 태교를 해야 하나?'라는 고민에 여전히 막연합니다. 임신 중기부터는 본격적인 태교를 결심하는 엄마들이 많습니다. 그래서 선물 받은 태교 책을 뒤적거리거나 서점으로 나서 보지만 혼자서 태교를 하는 것은 막막하게 느껴집니다. 또한 코로나바이러스로 인해 행동에 제약이 있다 보니 좋은 마음은 커녕 우울감만 늘어 갈 수도 있습니다.

"엄마가 즐거워야 뱃속의 아기도 즐겁다고 하는데 이쩌지? 난 좋은 엄마가 아닌가 보다."

코로나가 기승일 때는 온라인으로 그림책 태교 시간을 가졌습니다. 물론 만나서 함께하는 태교가 좋지만, 비대면도 점차 익숙해지니 소통을 할 수 있었습니다. 대면이든 비대면이든 엄마와 아기가 소통하는 시간을 가지면 엄마의 기분도 전환이 됩니다. 아무리 코로나가 기승을 부려도, 우울함에 갇혀 있어도 뱃속의 아기는 엄마와 보낸 시간을 기억할 수 있지요.

임신 중 마늘을 즐겨 먹었던 엄마들이 낳은 아이들을 대상으로 진행한 실험이 있습니다. 태어난 아이의 근처에 마늘향을 묻힌 거즈와 다른 향을 묻힌 거즈를 두었을 때, 아이가 마늘향 거즈 쪽으로 고개를 돌린다고 하지요. 이 결과를 보면 태아의 기억력을 알 수 있습니다. 태아는 뱃속의 경험을 기억하고 학습도 할 수 있는 유능한 존재입니다.

또한 7개월 이후의 태아는 눈을 감거나 뜰 수 있고 안구 운동도 활발하며 외부의 빛에 반응하여 꿈틀대기도 합니다. 후각과 미각 또한 임신 중기에는 활발히 발달하기 때문에 위 실험처럼 엄마가 먹은 음식의 맛과 냄새를 기억할 수 있습니다.

그 밖에도 임신 중기는 태아의 촉각 발달에 아주 중요한 시기입니다. 임신 6개월이 지나면, 태아의 뇌 중 촉각을 담당하는 부분이 기능을 시작하여 양수의 움직임을 피부로 느낄 수 있습니다. 양수는 엄마가 움직일 때 함께 움직이며, 태담을 할 때에도 잔잔한 파동을 만듭니다. 이때 뱃속의 태아는 양수를 통해서도 촉감 자극을 받게 됩니다. 다양한 감각 자극은 뱃속 아기의 두뇌 발달을 돕습니다. 그렇기 때문에 임신 중기 이후 시각, 청각, 촉각, 후각, 미각을 자극하는 태교는 매우 중요합니다.

이처럼 아기가 활발히 성장할 수 있는 시간을 만들기 위해 그림책 태교를 참고하기 바랍니다. 그림책 태교는 코로나 걱정 없이 혼자서도 할 수 있답니다.

그림책 태교 하브루타

먼저 책의 내용을 잠깐 소개할까요? 책 속의 엄마는 청소도 얼렁뚱땅에다 요리도 대충하고 먹고 싶은 것만 먹는 잠꾸러기 엄마였습니다. 그런데 뱃속의 아기는 다른 아기들이 꺼려했던 이 엄마를 당당하게 골랐습니다. 엄마를 기쁘게 해 주기 위해 이 엄마에게 태어나려고 마음먹은 것이지요. 그런데 육아에 서툰 엄마는 아이와 기쁨의 시간을 보내기는커녕 "몇 번을 말해?", "그건 안 돼!", "위험해!"라고 야단치는 시간이 잦아집니다. 아기와 엄마의 마음이 어긋나는 경험이 반복된 이후, 엄마는 아기가 자신에게 기쁨을 주기 위해 자신을 선택했다는 사실을 알게 됩니다. 서툰 엄마와 사랑할 수밖에 없는 아기의 이야기입니다.

그림책 내용을 듣는 엄마들은 그 어떤 책보다 숨죽여 이야기에 집중하였습니다. 화면 너머로도 몰입의 공기를 느낄 수 있었지요. 감정을 가득 실은 책 읽기를 마쳤을 무렵, 눈물을 닦는 사람도 있었습니다. 대부분의 엄마들이 이야기에 '나'와 '뱃속 아기'를 대입하여 듣지 않았을까요? 이 책을 읽고 어떤 질문이 생겼는지 나누어 보았습니다.

Q 내가 알아차리지 못했던 태아의 신호는 어떤 것일까?

Q 뱃속의 아기와는 어떤 소통을 하면 좋을까?

Q 나는 아기를 위해 어떤 것을 줄 수 있나?

Q 우리 아기는 엄마가 마음에 들까?

Q 야단을 많이 치지 않고 키우려면 어떻게 해야 할까?

Q 아기가 뱃속을 기억한다면, 어떤 기억을 남겨 주고 싶은가?

Q 우리 아기는 왜 나를 선택했을까?

Q 아기는 어떤 아이로 자라고 싶을까?

사랑이 엄마가 질문에 대해 먼저 이야기했습니다.

"저는 '우리 아기는 왜 나를 선택했을까?'라는 질문을 써 보았습니다. 아기의 눈에 엄마가 들어온 이유는 인연이 아니었을까 하는 생각이 들었어요. 제가 남편을 처음 만났을 때도 이 사람과 결혼할 것 같다는 느낌이 있었거든요. 아기도 저를 보면서 인연을 느낀 것 같아요."

사랑이 엄마의 이야기를 들으며 저도 남편, 아이들과 만나게 된 것이 인연이 아니었을까 하는 생각을 했습니다. 그런데 꿀복이 엄마의 이야기는 또 다른 시각이었습니다.

"저는 아기가 얼렁뚱땅인 엄마를 보면서 부족한 것을 채워 주고 싶어서 선택했다는 생각이 들었어요. 저희 남편은 엄격한 부모님 밑에서 자랐어요. 그래서 저는 남편과 결혼하면 자유롭고 편하게 살 수 있도록 해 주고 싶었거든요. 제가 남편에게 그런 마음이 든 것처럼, 아이도 엄마의 부족한 부분을 채워 주려고 제가 눈에 들어오지 않았을까요?"

이 말을 들은 도담이 엄마도 자신의 생각을 전했습니다.

"저는 아이가 엄마를 성장시키기 위해 선택한 게 아닐까 싶어요. 사실 임신 초기였을 때 피가 비친 적이 있어요. 이후로 병원을 왔다 갔다 하면서 예민한 저의 성격을 많이 안정시키려고 노력했거든요. 지금은 급하게 생각하는 것도 많이 줄었고, 마음의 여유도 가지게 되었어요. 힘든 경험을 하니까 그 경험을 통해서 저 스스로 조절하게 되고 조금 나아지더라고요. 아기도 저의 단점을 좋은 쪽으로 성장하게 하려고 저를 선택한 것이 아닌가 하는 생각이 들었어요."

'우리 아기는 왜 나를 엄마로 선택했을까?'라는 질문을 통해 많은 생각을 해 볼 수 있었습니다. 인연이었기에 엄마와 아기로 만났을 수도 있고, 참 서툴고 부족한 엄마를 성장시키기 위해 아기가 찾아와 주었을 수도 있지요. 어떤 이유에서든 부족한 엄마를 찾아와 준 아이가 참 고맙습니다. 물론 아이가 엄마를 힘들게 할 때도 많을 것입니다. 그때마다 부족한 나를 찾아와 준 아이에게 고마운 마음을 잊지 않아야 할 텐데, 이 부족한 엄마는 또 잊지 않을까 싶습니다.

그러고 보니 내가 아이를 낳았다고만 생각했지, 아이가 엄마를 선택했을 수도 있겠다는 생각은 전혀 하지 못했습니다. 여전히 아이를 수동적인 존재, 나약한 존재로 인식한 것이 아닐까 하는 생각도 들었습니다. 아기는 엄마에게 사랑 받기 위해 태어났지만, 엄마의 방법은 서투릅니다. 사랑이 과하기도 하고 모자랄 때도 있지요.

아직 아이가 태어나지 않았지만, 그림책을 통해 서로의 질문과 생각을 나누는 것은 중요한 시간이었습니다. 많은 엄마들이 혼자

책을 읽기만 할 때는 몰랐는데, 그림책 태교 하브루타를 통해 여러 가지 이야기를 함께 나누니 생각이 풍부해진 것 같다고 했습니다. 사랑이 엄마는 다른 사람의 입장과 다양한 생각을 알게 된 것이 뜻하지 않은 수확이었다고도 합니다. 그밖에도 다양하게 느꼈던 마음들을 꺼내 놓았습니다.

혼자 우울한 생각에 빠져 있을 때는 아이에게도 부정적인 감정이 미칠 것 같았는데, 함께 이야기하니 기분이 좋아졌어요.

마지막 페이지에서 '엄마, 낳아 줘서 고마워요'라는 글과 그림이 감동적이었어요. 덩치는 아기보다 훨씬 크지만 눈물 흘리며 주저앉은 철부지 엄마가 마치 제 모습 같았어요. 저도 참 부족한 엄마거든요. 그런데 조금 부족해도 괜찮다는 마음이 들었어요.

노부미 작가는 엄마라면 누구나 공감할 수 있는 이야기를 썼습니다. 그림책 태교 하브루타는 타인의 생각과 이야기를 통해 내 삶을 들여다보고 의미를 느낄 수 있게 해 줍니다. 만약 혼자서 읽고 넘어갔다면 느낄 수 없었던 감동과 배우지 못했을 생각들을 하브루타 활동을 통해 나눌 수 있었지요.

하지만 부담을 가질 필요는 없습니다. 혼자 즐길 수 있는 취미 생활도 좋기 때문이지요. 임신 중기에는 본격적으로 태교를 해야 한다는 강박에서 조금은 벗어나도 됩니다. 그냥 편하게 읽고 싶은 책을 읽거나 맛집 찾아 다니기, 사진 찍기, 산책하기 등 원하는 활동을 하면 된답니다. 무언가를 꼭 하지 않아도 됩니다. 태교라는 테두리에 갇히지 않아도 편안하게 마음을 가지는 것도 좋은 태교에 포함됩니다. 하루하루 즐겁고 감사한 마음이 드는 순간을 느끼기만 해도 충분합니다. 굳이 뱃속의 아기를 위한 것이 아니어도 괜찮습니다. 태교란 아기를 위한 것 같지만 사실 엄마를 위해야 합니다. 엄마의 기분이 가장 중요하기 때문이지요. 태교를 할 수 있는 방법과 하지 않아도 편해지는 방법 모두가 좋은 태교랍니다.

그림책 태교 하브루타 순서

① 그림책을 읽는다.

② 가장 감동적이거나 공감되는 장면을 선택하고, 그 이유에 대해 이야기를 나눕니다.

③ 그림책을 읽으며 궁금했던 점을 질문으로 적어 봅니다.

④ 자신의 질문과 짝의 질문을 나누어 봅니다.

⑤ 짝의 질문과 나의 질문 중, 서로 마음에 드는 질문 하나를 골라 대화합니다.

⑥ 짝과 나눈 이야기에 대해 공유하는 시간을 가집니다.

⑦ 이 시간을 통해 느낀 점을 나누어 봅니다.

명화 태교 하브루타

"명화 태교는 생소한데, 어떻게 하는 것일까?"

"왜 명화로 태교를 할까?"

"명화를 감상하는 건 엄마인데, 아기도 느낄 수 있을까?"

다른 감각에 비해 자극을 덜 받고 늦게 발달하는 감각이 시각입니다. 임신 27주 정도가 되어야 태아는 눈을 깜박이게 되고 반사 능력이 생깁니다. 또한 뱃속의 아기는 엄마의 피부와 옷으로 인해 자궁 속을 어둡게 느낍니다. 신기한 것은 맑은 날 햇빛을 배에 직접 쪼이면 태아는 엄마 피부를 통해 들어오는 주황빛을 느낄 수 있다고 합니다. 이처럼 일상에서 햇빛을 보는 것도 태아에게는 직접적인 시각 자극이 됩니다. 임신 33주 정도에는 태아의 동공이 수축과 확장을 할 수 있게 되고, 사물을 구별하게 된다고 합니다.

직접적인 자극 외에도 엄마가 보는 것을 통해 간접적인 자극을 줄 수 있습니다. 뱃속의 아기는 엄마와 두뇌가 연결되어 있기 때문에, 엄마가 명화를 감상하면 아기도 간접적인 자극을 받습니다. 이때 시각 자극으로 그치는 것이 아니라, 엄마가 명화를 보면서 느끼는 감정과 생각까지도 아기는 함께 느낄 수 있습니다.

명화 태교는 혼자 그림을 보면서 편안한 마음을 느끼는 것으로 충분한 가치가 있습니다. 하지만 명화에 대해 주변 사람들과 함께 대화를 하다 보면 즐거움이 증폭되지요. 꼭 여러 사람이 아니더라도, 남편과 둘이서 이야기해 보는 것도 좋습니다. 사실 그림을 보고 이야기하는 것은 정말 주관적입니다. 저마다의 생각과 가치에 따라 그림을 보는 시선이 다를 수밖에 없기 때문에 다양한 생각을 나눌 수 있습니다. 같은 그림이라도 누군가에게는 낙서로, 또 누군가에게는 명화로 보일 수 있답니다.

처음 볼 때는 단순히 그림 한 장이라고 해도 이야기를 나누다 보면 그림이 주는 감동을 느낄 수 있습니다. 명화를 보며 감동 받는 이유 중 하나는 그 속에 스토리가 담겨 있기 때문입니다. 명화 속 스토리와 함께하는 하브루타로 행복한 생각을 가져 보세요.

TIP

그림을 선택할 때에는 꼭 명화가 아니어도 좋습니다. 어떤 그림이든 상관 없으며, 친구를 비롯해 그 누구의 작품이라도 가능합니다. 다만 예시에 쓰인 그림은 아기와 관련된 명화로 선택했습니다.

명화 태교 하브루타 순서

① 그림을 보고 떠오르는 단어나 느낌을 나열해 보거나, 궁금한 것을 질문으로 써 보세요.

명화의 해설을 보기 전에 그림을 먼저 충분히 보고 그림과 대화를 시도해 보는 것이 좋습니다. 그림과의 대화가 바로 질문입니다. 질문하고 상상하는 시간을 충분히 가진다면 호기심은 더 증폭될 것이고, 나중에 들어오는 정보들은 마음 속에 더 많이 남을 것입니다. 그러면 어떻게 질문하고 대화해야 할까요? 다음 그림을 보면서 연습해 보세요.

〈가브리엘과 장(피에르 오귀스트 르누아르, 1895~1896)〉

Q 두 사람은 무엇을 가지고 놀고 있을까?

Q 그림 속 장소는 어느 곳일까?

Q 아기는 몇 살일까?

Q 나는 우리 아기와 어떻게 놀아 줄까?

Q 아기는 어떤 놀이를 좋아할까?

Q 아기와 얼마나 놀아야 하나?

Q 작품 속 여자는 엄마일까, 다른 사람일까?

Q 누가 그린 그림일까?

② 여러 가지 질문에 하브루타를 함께하는 이와 이야기를 나누어 보거나 스스로 답해 봅니다.

'그림 속 인물들은 노는 것이 즐거울까?', '찰흙 같은 것을 만지다가 아기가 입에 가져가면 어떻게 하지?', '장은 아들일까, 딸일까?', '그림 속 여자는 화가의 아내인가?', '르누아르는 그리면서 참 행복했을 것 같다' 등 자신의 생각을 그냥 떠오르는 대로 자유롭게 이야기해 봅니다. 여기에는 정답이 없기 때문에 다양한 상상을 하고, 타인의 생각도 모두 존중해 주는 것이 중요합니다.

③ 그림이나 화가에 대한 자세한 정보를 찾아봅니다.

이 그림은 르누아르의 아들인 장과 친척 가브리엘을 그린 작품입니다. 르누아르의 부인은 알린느인데, 둘째를 출산할 당시 알린느의 사촌인 가브리엘이 장을 돌보기 위해 르누아르의 집에 와 있던 것입니다. 가브리엘과 장이 장난감으로 즐겁게 노는 모습을 지켜보는 르누아르도 기분이 좋았을 것 같습니다. 이처럼 르누아르의 그림에서는 행복하고 아름다운 모습을 많이 찾아볼 수 있습니다.

TIP

명화 태교 하브루타에 이용하기 좋은 책

- 《방구석 미술관》, 조원재, 블랙피쉬, 2018
- 《한눈에 반한 우리 미술관》, 장세현, 사계절, 2012
- 《다, 그림이다》, 손철주·이주은, 이봄, 2016

5. 무거워도 너무 무거운 몸

부부 태교 하브루타

곧 아이가 태어날 부부의 이야기입니다. 부부는 이제 곧 엄마, 아빠가 된다는 사실이 실감 나지 않습니다. 아직은 어색하고 얼떨떨한 초보 부모입니다. 부부는 엄마, 아빠 역할을 좀 더 잘하고 싶어서 부부 태교 수업에 참석하게 되었다고 합니다. 혼자가 아니라 남편과 함께하니 아내의 기분도 좋아 보였습니다. 내 몸에서 일어나는 일들을 함께 걱정하고, 함께 대화할 수 있는 사람이 옆에 있다는 것은 참 감사한 일입니다. 임신을 하고 남편과 멀리 떨어져 우울한 임신 기간을 보내는 경우도 있고, 혼자서 아이를 낳아 기르는 엄마들도 있습니다. (물론 아이를 낳고 기르면서 아기가 주는 행복을 통해 우울감을 잘 극복한 경우도 있지요.) 그래서 남편과 부부 태교 수업에 오는 것이 특별한 일은 아니지만, 누군가에게는 부러운 모습이기도 합니다. 많은 부부들이 이렇게 이야기합니다. 그동안 나름대로 이야기를 나누었지만, 아기나 우리 가족에 대해 보다 구체적으로 이야기하는 시간을 가지지 못했던 것 같다고 말이지요. 그렇다면 부부 태교 하브루타 시간에는 어떤 이야기를 나눌 수 있을까요?

먼저 이중섭 화가의 〈도원〉을 감상한 뒤, 각자 궁금한 점을 종이에 적어 봅니다.

Q 사람들은 왜 옷을 입고 있지 않을까?

Q 이곳은 어디일까?

Q 두 발로 걷는 사람은 왜 없을까?

Q 이곳에서 살면 행복할까?

Q 이중섭은 왜 이 그림을 그렸을까?

Q 그림 속 네 사람은 어떤 관계가 있을까?

Q 이상적인 가족의 모습은 무엇일까?

Q 그림 속 아이는 어떤 부모를 만나고 싶어 할까?

Q 힘들게 나무에 매달려 있는 사람은 나(혹은 당신)의 모습이 아닐까?

Q 아이들은 어떨 때 행복할까?

Q 복숭아를 먹으면 기분이 어떤가?

Q 어떤 가족을 만들고 싶은가?

Q 어떤 아빠(엄마)가 되고 싶나?

부부들이 나눈 질문들을 공유하자, 서로 다른 팀에서 같은 질문이 나오기도 합니다. 만약 다른 부부의 질문 중 마음에 드는 것이 있다면 가져가서 답해도 되고 응용하여 바꾸어도 됩니다. 그림을 감상한 뒤, 여러 부부가 함께 이야기를 나누어 보았습니다.

"여기는 이중섭이 생각하는 이상적인 곳을 그려 놓은 것 같아요. 아이들이 놀고 있고, 이상적인 4인 가족에 대한 그리움이 느껴져요. 그래서 우리가 생각하는 이상적인 가족의 모습에 대해서 이야기를 나누었어요. 저는 제가 퇴근하고 돌아오면 아이들이 뛰어나와서 아빠한테 안기는 장면을 떠올렸고, 아내는 주말이면 나들이를 나가는 모습을 떠올렸어요."

"저희 부부는 이 그림을 통해 서로에 대해 이야기를 나눌 수 있었어요. 가족들이 모두 발가벗고 있는 모습은 그만큼 가깝고 허물이 없는 것처럼 보였어요. 반면에 저희는 화가 나거나 싸웠을 때, 어떻게 하면 풀리는지 서로에 대해 참 모른다는 것을 알았어요. 가까운 것 같지만 마음까지 허물이 없는 건 아닌가 봐요. 결혼해서 같이 살다 보니 연애할 때와는 다르기도 하고 모르는 것도 많아요. 특히 아내가 왜 기분이 안 좋은지, 어떻게 하면 기분이 풀리는지는 정말 어려웠어요. 그래서 대화를 통해 해결 방법을 찾았어요. 아내는 자신의 기분이 안 좋을 때는 '왜 화가 났는지' 물어봐 달라고 했어요. 현재 기분이 어떤지 물어보고 들어 달라고 했어요. 덧붙인 것도 있는데, 들을 때는 그냥 듣지 말고 공감하며 들어 달라고 했어요. 아내가 공감을 원하는지 정말 몰랐어요.

저는 아내에게 제가 화가 날 때는 잠시 혼자 있게 해 달라고 했어요. 그런데 아이와 아내를 두고 밖에 나가는 것은 더 화가 날 것 같대요. 그래서 싸울 경우에는 다른 방에서 서로 시간을 좀 보내는 것으로 의논했어요. 서로의 기분이 빨리 회복되어야 아이에게도 좋은 엄마, 아빠가 될 것 같아요."

"서로 사랑하지만 붙어 있지 않고 각각 떨어져 있는 가족에 대해 생각해 보았어요. 저희도 한 집에 같이 살고 있지만 각자의 시간도 필요한 것 같아요. 특히나 저 나무에 매달려 있는 사람이 왠지 남편 같다는 생각을 했어요. 아이가 늘어나면서 책임감을 유난히 많이 느껴서 힘들진 않을까 하는 생각이 들었고, 함께 살지만 가끔 혼자만의 시간도 가지는 게 좋을 것 같다고 느꼈어요. 그림을 보고 이렇게 연결되는 게 참 신기하네요."

이들 부부는 꾸미거나 잘 보이기 위해서가 아니라, 현재 시점에서 서로에 대해서 이야기하고 우리 가족에 대해서 진솔하게 이야기를 나누었습니다. 부부 태교는 특별히 위대한 부모가 되기 위해서 하는 것이 아닙니다. 우리 가족이 만들어 갈 사소하고 행복한 일상을 상상해 보는 시간입니다.

부부 태교를 위해 함께 손잡고 와서 행복함을 느낀다면 태교의 목적을 달성한 것입니다. 수업 시간 전에 함께 후루룩 밥을 먹는 것도 행복하고, 태교 끝나고 같이 차를 타고 집으로 돌아가는 길도 행복합니다. 왜냐하면 참 사소하고 소박한 일들이니까요. 이처럼 소박하고 행복한 일상을 보내고 있으니, 이미 부부 태교를 하고 있는 것이나 마찬가지입니다.

아이가 태어나기 전, 부부는 육아관에 대해 이야기를 나누지만 막상 아이가 태어나면 이때 나누었던 이야기가 현실과 많이 다르다는 것을 곧 알게 됩니다. 새 집에 이사갈 때에는 항상 깨끗하고 정돈된 인테리어를 꿈꾸지만, 살다 보면 이상과 현실이 다른 것을 느끼듯이 말입니다. 육아 또한 출산 전의 바람과 현실은 많이 다릅니다. 그렇지만 부부 태교 시간에 나눈 이야기를 통해 서로가 어떤 경우에 관계를 더 잘 유지할 수 있는지 알 수 있습니다. 이는 물에 들어가기 전의 준비 운동과도 같지요.

"막연하게 떠올리던 가족의 모습을 말로 표현하니 새롭습니다."

"아내가 이런 생각을 하는 줄 몰랐어요."

"남편이 이해가 되는 시간이었어요."

서로의 마음을 나눈 편안함 덕분에 아기도 뱃속에서 편안했을 것 같습니다. 이처럼 부부 태교를 통해 엄마만 준비하는 것이 아니라, 아빠도 함께 준비할 수 있답니다.

TIP

아기가 태어나기 전 나눌 수 있는 대화 주제

① 부부 싸움 후 화해 방법 의논해 보기

② 어떤 것을 좋아하는지 서로 질문 및 대화해 보기

③ 엄마, 아빠가 아기에게 해 주고 싶은 말

방 빼는 날, 출산

예정일이 10일이나 지난 시점에서도 뱃속의 예지(첫 아이 태명)는 태어날 생각을 하지 않았습니다. 뱃속의 아이는 자신이 세상에 나갈 준비가 되면 태어난다고 합니다. 우리 예지는 세상에 나올 준비가 덜 되었던 걸까요?

그런데 엄마는 출산 준비를 너무 많이 했습니다. 더 이상 기다릴 수가 없었던 저는 병원에 가기로 마음을 먹었습니다. 몸이 무거워지면서 불편한 것들이 너무 많았습니다. 발톱을 깎기도 힘들었고 화장실을 자주 가는 것조차 불편했습니다. 먹고 싶은 것을 참는 것도 너무 힘들었지요. 이기가 대이니기만 하면 이런 불편한 것들이 모두 사라질 거라는 기대도 있었습니다. 예정일도 지났겠다, 지금 아기를 낳아도 되지 않겠냐고 의사 선생님을 조를 생각으로 혼자 택시를 타고 병원을 찾아 갔습니다. 예정일이 10일 지났으니 유도 분만을 해 보아도 되겠다는 이야기를 들었습니다. 의사 선생님께서 내진을 하시더니 자궁문의 30~40퍼센트가 열렸다고 말씀해 주셨습니다. 타이밍이 잘 맞았습니다.

손이 덜덜 떨릴 정도로 진통이 잦아졌습니다. 남편이 안쓰러운지 옆에서 손을 주물러 주었지만, 무통 주사만이 이 고통을 해결해 줄 수 있었습니다. 조여 오는 배를 부여잡고 새우 자세를 하자 척추에 바늘이 꽂혀왔습니다. 앞뒤로 죽을 맛이었지만 새우 자세를 잘 견딘 덕분에 무통관 삽입에 성공했습니다. 그런데, 기다리는 무통약은 넣어 주지 않고 제모와 관장을 합니다. 굴욕적인 느낌이 스멀스멀 올라왔지만 아기를 낳는 과정이니 받아들여야 했지요. 하지만 관장을 한 뒤 5분간 참으라고 하는 말은 도저히 받아들일 수가 없었습니다. 관장약을 넣자마자 바로 화장실로 직행했고, 굴욕감은 어느새 걱정으로 바뀌었습니다.

'5분 못 참았는데… 아기 낳다가 변을 보면 어떡하지?'

무통 주사 덕분에 고통을 잠시 잊게 되자, 그제야 남편의 긴장이 보였습니다. 혼자 고통을 감당하게 하는 것이 미안한 듯한 남편의 마음이 느껴집니다. 그렇게 힘주기를 같이 하며 고통에 또 동참했습니다. 무통은 점차 사라지고 분만의 진행은 점차 빨라졌습니다. 생리통의 10만 배쯤 되는 엄청난 고통도 같이 밀려옵니다. 어느 순간에는 생리통을 넘어서 변이 나올 것 같은 느낌이 들었습니다. 자연의 대지진과 같은 엄청난 고통입니다. 그래도 뱃속 아기를 위해 안간힘을 주었습니다.

"자, 산모님. 힘주겠습니다."

입으로 소리만 요란하게 나오는 것인지, 힘을 주는 게 맞는지도 모를 지경이었습니다. 복식 호흡도 배웠지만 무용지물이었습니다. 이때, 간호사 선생님이 배 위에 올라가서 아기를 밀어냅니다. 모든 사람들이 뱃속의 예지를 위해 안간힘을 주는 순간입니다. 너무 힘들지만 내가 멈추면 아기도 힘들어질 것 같았습니다.

"하나, 둘, 셋! 힘!"

"끄응."

"끊지 말고 한 번 더. 호흡 들이마시고….”

"하나, 둘, 세엣!"

그 순간 ‘응애’ 하고 아기 울음소리가 들렸습니다. 마치 거대한 지진이 휩쓸고 간 느낌이었고, 남편은 수고했다며 머리를 쓰다듬어 주었습니다. 의료진들은 아기의 손가락과 발가락이 열 개라고 확인시켜 준 다음, 핏덩어리인 아기를 제 품에 안겨 주었습니다.

‘아, 정말 작다.’

그런데 초음파로 보고 상상했던 아이의 얼굴이 아니었습니다. 생각보다 너무 못생겼습니다. 그렇지만 너무 작고 따뜻한 아기의 온기가 곧 마음에 전해졌습니다. 무언가 뭉클하고 뜨거운 감정이 느껴졌지요.

‘내가 아기를 낳다니…. 이제 이 아이를 지켜 줘야 하는데 잘할 수 있을까?’

그렇게 자연 분만에 성공했지만 아기와 만나는 순간은 얼떨떨했습니다.

출산을 하고 얼마 있으니 젖이 도는 느낌이 들었습니다. 임신 중에는 나오지 않던 젖이 아기를 낳으니 뿜을 준비를 했습니다. ‘와, 인체는 정말 경이롭구나.’ 아기를 보호하던 기능이 자궁에서 그 일을 끝내고, 가슴으로 옮겨가는 것은 처음 느껴보는 신비한 경험이었습니다. 수없이 변을 누어 봤지만 마치 변을 누듯이 아이를 낳는 느낌도 평생 처음 느껴보았습니다. 그런데, 엄마가 되면서 이러한 처음은 앞으로 계속 맞이하게 됩니다.

엄마와 아기라는 인연은 참 신기합니다. 남편이라는 사람은 남이었던 사람이고 어쩌면 헤어질 수도 있는 사람입니다. 더 이상 보지 않고 산다면 끊을 수 있는 인연이지만, 아이는 끊고 싶다고 끊어지는 인연이 아닙니다. 그래서 '천륜'이라고 하나 봅니다. 하늘이 맺어 준 엄마와 자식의 사이는 말로 설명할 수 없는 인류의 위대함처럼 느껴졌습니다. 온 우주가 정성을 보태어 만나게 해 준 소중한 생명을 어떻게 받아들여야 할까? 이 인연에서 나는 어떤 역할을 해야 할까? 만지면 부서질 것 같이 작은 아이를 과연 잘 키울 수 있을까?

나는 요리를 빼어나게 잘하는 사람도 아닌 데다가, 아이를 온갖 위험으로부터 지켜 줄 수 있는 힘도 없고 서툰 사람인데…. 그런데도 불구하고 이 작은 아기가 내 품에 있습니다. 나약한 저에게 아기를 보내 준 이유를 조금은 알 것 같습니다. 정말 중요한 하나가 저에게 있었습니다. 그건 바로 절대적인 사랑, 다른 아이가 아닌 우리 아이에 대한 사랑입니다.

세상에 갓 나온 아이와 마찬가지로 엄마도 무수한 처음을 맞이하게 될 것입니다. 하지만 엄마에게 가장 필요한 것은 아이를 사랑하는 따뜻한 마음입니다. 앞으로의 나날은 아이와 엄마가 함께 만들어 가면 됩니다. 세상에 처음부터 완벽한 것이 있을까요? 엄마라는 사람은 완벽하려고 있는 것도 아니며, 잘하려고 있는 것도 아닙니다. 아이를 사랑하라고 주어진 자리입니다.

우리가 지금 여기 있는 것도 나를 이 땅에 태어나게 한 사랑의 시작 지점 덕분입니다. 그리고 그 시작 지점에서 이제는 내가 엄마라는 자리를 이어받았습니다. 한 생명의 인생이 시작되는 지점은 출산입니다. 이 시작점에서 서툰 것 투성이라도 '사랑' 하나 가진 게 있으니 앞으로 맞이할 수많은 처음을 잘 해낼 수 있을 거라 기대해 봅니다. 우리 안에는 내 아이를 사랑하는 가장 강력한 마음이 있습니다. 내 아이의 엄마로 당당하게 그 시작을 해 봅니다.

태교 시기를 놓쳐 버렸다
아린 엄마

　나는 아이를 잘 키우고 싶어서 극성맞은 엄마였다. 하지만 태교 때부터 극성이 시작된 건 아니었다. 사실 태교가 그리 중요한지 몰랐다는 표현이 더 맞을지도 모르겠다. 아이가 네 살이었을 때 우연히 놀이 수업을 듣게 되었다. 함께하는 놀이를 통해 아이의 진짜 모습이 보였고, 아이를 더 잘 이해하게 되었다. 그러면서 뒤늦게 태교의 중요성을 알았다. 하지만 아이는 이미 네 살이었고 어쩔 수가 없었다. 다른 엄마들을 보니 태교 때부터 엄마가 될 공부를 하고, 아기와 대화하는 등 준비된 엄마들이었다. 우리 아린이도 태교 때부터 이런 과정을 밟았으면 얼마나 좋았을까 하는 아쉬움이 늘 마음 한편에 자리잡고 있었다.

　태교는 그렇다쳐도 아이가 6~12개월이던 시절, 함께 눈 맞추고 놀아도 좋았을 텐데 그조차도 놓쳐 버렸다. 태교도 제대로 못한 데다가, 아기였던 시기마저 날려 버린 것이 너무 아까웠다. 하지만 시간을 되돌릴 수 없으니, 네 살인 지금이라도 아이와 상호 작용하며 노는 법을 배울 수 있는 것을 다행으로 여기며 애써 마음을 다잡았다. 그 무렵부터 아이뿐만 아니라 나의 본격적인 성장도 함께 시작되었다.

　하브루타 놀이를 만나기 전까지 나는 인지도 있는 교육 브랜드에 늘 관심이 있었고 교육 상담도 빼놓지 않고 다녔다. 아이의 생각을 키워 준다는 말에 이끌려 다양한 교육을 받아 보았지만, 생각을 이끌어 낸다기 보다는 얕은 지식 개념만 늘어놓는 것으로 느껴졌다. 그런데 하브루타 놀이를 할 때에는 아이의 반응이 독특했다. 가만히 생각하고 요리조리 고민하는 모습을 보이는 것이었다. 이런 아이의 모습이 신기하면서도 나 또한 느껴지는 것이 많았다. 좋아 보이는 브랜드 교육이 부러웠는데 놀이 중의 아이를 관찰하면서 정말 중요한 것을 알게 되었다. 무작정 높은 차원의 능력을 길러 주는 것보다 아이의 마음을 아는 게 먼저라는 것이다. 그 마음을 따라 아이와 상호 작용하고 사랑하면서 같이 자라가면 된다는 것을 알게 되었다. 태교도 제대로 하지 못한 채 아이가 네 살이 되어서야 후회했지만 놀이를 통해 나도 아이도 변화할 수 있었다.

특히 나의 교육관과 육아관은 아주 긍정적인 변화를 겪었다. 그전에는 결과에 치중하여 아이를 힘들게 하기도 하였다. 아이의 마음을 들여다보는 일이 없었고, 만약 아이가 잘 해내지 못하면 답답함과 화가 불쑥불쑥 올라왔던 것이 사실이었다. 그런데 그런 시선이 사라지기 시작했다. 아이가 노는 모습이 이뻤고 생각하는 모습은 기특했다. 못하는 모습에 대한 걱정보다 현재 모습 그대로 사랑스럽다는 사실이 눈에 들어오기 시작했다. 그러다 보니 자연스럽게 결과보다는 낑낑거리며 놀이를 하고 스스로 박수를 치는 모습이 감동으로 다가왔다. 태교를 놓치고, 남들보다 늦게 시작해도 아이의 마음을 알아가고 아이를 사랑하는 방법을 배운다면 아이가 잘 자랄 수 있는 기회는 얼마든지 있다는 것을 알게 되었다.

네 살은 늦은 출발이라고 생각할 수 있지만, 그렇지 않다. 기준을 0~7세가 아닌 아이의 전체 인생으로 본다면 말이다. 네 살은 자라온 날보다 자라갈 날이 한참 더 많은 나이다. 일곱 살이라도 늦지 않았다고 생각한다. 길고 긴 인생 중 엄마도 아이도 성장하는 순간을 만나면 그때를 시작점으로 삼으면 된다. 이 글을 쓰는 지금은 말할 수 있다. 늦었다는 생각이 들어도 바로 지금이 아이의 마음을 알 수 있는 적기라고 말이다.

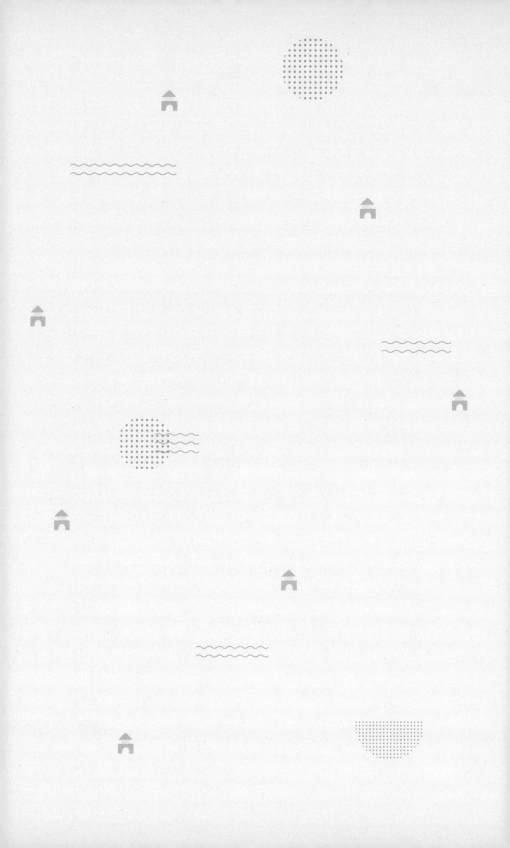

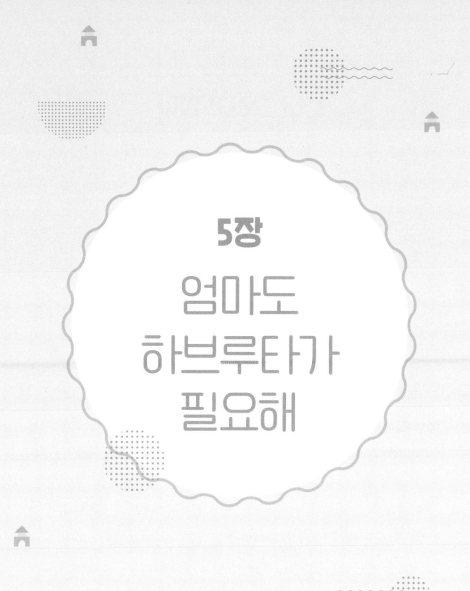

5장

엄마도
하브루타가
필요해

1. 나 그리고 엄마

왜 아이에게 미안해할까?

제가 어렸을 적의 일입니다. 하루는 부모님께서 밤이 되어도 돌아오지 않았습니다. 어릴 적 우리 집은 젖소를 키웠는데, 젖소를 기르는 데 필요한 일을 위해 부모님은 늘 바쁘게 다니셨습니다. 젖소는 사람보다 삼시 세끼를 더 잘 챙겨야 합니다. 사람은 한 끼를 걸러도 되지만, 우유를 많이 생산해야 하는 소는 한 끼도 거르면 안 되지요. 이런 이유로, 가족이 다함께 어딘가에 놀러가서 하룻밤을 자고 온 기억이 없습니다. 부모님 중 한 분은 남아서 소들의 끼니를 챙겨야 했기 때문입니다. 그런데 그날은 이상했습니다. 소가 저녁을 먹어야 할 시간이 지났음에도 부모님 두 분 모두 돌아오시지 않는 겁니다. 그 당시는 핸드폰이 없던 시절이라 부모님께서 왜 늦도록 집에 오지 않는지 이유를 알 수 없었습니다.

우리 세 자매는 각자 역할을 맡아 우리들의 할 일을 했습니다. 언니는 밥을 하겠다고 선점했고, 동생은 집 안 정리 등 어린 동생이 할 수 있는 일을 하겠다고 했습니다. 저는 소 젖 짜는 일을 하겠다고 했지요. 사실 그 전에 젖을 짜 본 적은 없었습니다. 엄마 아빠가 해 오시던 일이니 어깨너머로 본 것이 전부였습니다.

먼저 뜨거운 수건으로 소 젖을 닦았습니다. 지금 생각하면 초등학생이었기에 소 뒷발에 차일지도 몰랐고, 뜨거운 수건이 위험할 수도 있었습니다. 하지만 위험한 일은 일어나지 않았습니다. 착유기의 전원을 켜고 젖을 잘 빨아들이도록 흡착하는 기계를 소 젖꼭지 네 개에 끼웠습니다. 그러면 착유기가 젖을 짜서 우유를 보관하는 냉각기로 흘려 보냅니다. 그렇게 열 마리가 넘는 소의 젖을 모두 짰습니다.

엄마와 아빠는 밤이 되어 돌아왔습니다. 소여물인 짚단을 거두고 돌아오는 길에 트럭이 논두렁에 빠지는 사건이 있어 늦었던 것입니다. 엄마는 우리 세 자매가 해 놓은 일들을 보고 흐느껴 우셨습니다. 그런 엄마의 모습을 보며 당시에는 '울 일이 아닌데 왜 우실까?'라고 생각했습니다. 하지만 지금 엄마 나이가 되고 보니, 그때 엄마의 마음을 알 것 같습니다. 빠진 트럭을 해결하는 동안, 어린 아이들만 있는 상황과 챙겨야 하는 소들이 떠오르며 염려가 되었을 테지요. 그리고 생각보다 일이 늦게 마무리 되면서 걱정은 더 커지고 몸은 더욱 고되지 않았을까 생각이 듭니다. 그런 와중에 펼쳐진 뜻밖의 집 안 풍경에 미안함과 안심이 섞인 울음이 터져 버렸는지도 모르겠습니다. 하지만 엄마는 미안해 할 필요가 없었습니다. 우리는 그저 즐거운 이색 경험을 했기 때문이지요. 오히려 엄마가 흐느껴 울던 모습에 더 마음이 아팠습니다.

"오늘은 트럭이 논두렁에 빠져서 일찍 못왔어. 그런데 너희가 이렇게 밥도 챙겨 먹고 소 젖까지 짜 놓고 잘 지내 줘서 고마워"라고 말해 주어도 좋았을 것 같습니다. 그러면 저는 어떨까요? 저 역시 아이들에게 미안한 일이 많습니다. 바쁜 일상을 이유로 아이들끼리 밥을 챙겨 먹게 하는 것이 미안했고, 함께 곁에 있어 주지 못하는 것이 늘 미안했습니다. 그런데 저 또한 미안할 일이 아니라는 것을 아이들과의 대화에서 알게 되었습니다.

'자신들의 시시해 빠진 삶에 정신을 온통 빼앗긴 나머지…'라는 어느 책의 구절로 아이들과 이야기를 나누던 중이었습니다.

"엄마도 엄마의 삶에 정신을 뺏겨서 너희들과 함께하지 못하는 게 똑같네. 바쁜 엄마를 보는 너희 마음은 어떠니?"라고 묻자, 둘째가 눈시울을 붉혔습니다.

"엄마는 너무 고생하는 것 같아. 글 쓴다고 아침 일찍 나가서 밤에도 너무 늦게 오고 엄마가 쉬지를 못하는 것 같아서…"라고 하더니 목이 메어 웁니다.

"엄마도 엄마의 시간을 가져." 첫째가 말을 잇습니다.

"그렇게 생각했구나. 엄마는 혼자 쉬자고 엄마의 시간을 보내고 오는 게 너희에게 미안한 일이라고 생각했어. 그래서 일 끝내고 마음 급하게 집으로 오곤 했거든. 너희들 배도 고플 테고 저녁도 챙겨야 하니까 매번 마음이 급했지."

"아니야, 나는 밥먹고 싶지 않은데 엄마가 먹으라고 해서 억지로 먹는 게 오히려 더 싫어. 내가 먹고 싶을 때 챙겨 먹어도 되니까 우리끼리 있어도 괜찮아."

"엄마 데이를 정하는건 어떨까? 그날은 엄마가 하고 싶은 것 마음대로 하는 날인 거지. 아니다, 각자의 데이를 만들자. 아빠도 아빠 데이를 주고 언니도 언니 데이, 나도 다민이 데이를 가지고!"

둘째가 제안합니다. 따뜻한 둘째의 마음 속에는 엄마가 힘들기보다 행복하기를 바라는 마음이 있었습니다. 아이는 왜 엄마가 힘들다고 판단했을까요? 아이 눈에는 아마 그렇게 비춰졌나 봅니다. 힘든 엄마를 보면 아이 마음에도 슬픔이 드리워집니다. 즐거운 엄마를 보면 아이 마음도 즐거움이 차지합니다. 뱃속에서 탯줄은 끊고 나왔지만 '마음 줄'은 끊어지지 않았나 봅니다. 부모와 아이는 마음으로 연결되어 있습니다.

엄마가 행복해지면 아이도 행복해집니다. 그래서 저는 '내가 행복한 사람'이 되려고 합니다. 내가 열심히 일하고, 내가 나를 쉬게 해 주고, 내가 나를 사랑하고, 사랑하는 나의 가족들과 사랑하며 살아갈 것입니다. 더 이상 아이에게 미안한 엄마로 보이고 싶지 않습니다. 자신의 삶을 사랑하고 자신의 마음을 돌보는 엄마가 우리 아이의 눈과 마음에 비춰졌으면 합니다.

왜 자꾸 화가 날까?

어린 아기는 끊임없이 울어 댑니다. 안아도 주고 공갈 젖꼭지도 물려 주지만 소용이 없지요. 품을 벗어나고 싶은지 팔을 위로 뻗고 몸은 뒤로 젖혀서 울어 댑니다. 더 이상 안기도 힘들어 내려 놓으면 바닥에서도 몸을 뒤틀어 가며 웁니다. 도대체 어떻게 하라는 건지… 이쯤 되면 엄마도 울 지경입니다. 자격도 없는 사람이 애를 낳아서 벌을 받고 있는 건가 하는 생각도 듭니다. 매일 왜 이런 전쟁을 치르고 있는지도 알 수 없습니다.

"도대체 어쩌란 말이야?"

결국 엄마는 아이에게 화를 내고 맙니다. 이런데도 엄마의 감정을 조절하고 아이의 마음을 읽어 주라고요? 엄마도 미칠 것 같고 화가 나는데 계속 참으라고요?

'나는 왜 이렇게 감정을 조절하지 못하는 걸까?'

'엄마는 왜 화나는 마음을 참아야 할까?'

'엄마의 감정을 조절한다는 게 무슨 의미일까?'

'왜 화가 나는 것일까?'

'어떻게 하면 아이를 울리지 않을까?'

'아이가 울면 어떻게 하는 게 좋은 방법일까?'

놀이 코칭 시간이면 엄마들끼리 육아와 관련된 이야기를 나눕니다. 유난히 힘든 사람들이 많은 주에는 엄마들끼리 육아 하브루타를 합니다. 각자의 육아 고민을 나눌 때, '엄마는 왜 화나는 마음을 참아야 할까?'라는 질문에 예담이 엄마를 선두로 엄마들이 이야기를 꺼냈습니다.

"저는 제가 화를 내면 아이도 화내는 것을 보고 배울 것 같다는 생각이 들어요. 요즘에는 분노조절장애가 있는 아이도 많다고 하고, 아이가 혹시 화를 못 참는 아이가 될까 봐 염려되기도 해요."

"애착이 형성되는 시기라고 하니까 엄마가 화를 내면 아이가 불안해하고 애착 형성이 잘못될까 봐 화를 참아야 할 것 같아요."

"엄마들 이야기를 들으면서 느낀 건데요. 엄마도 화를 내도 된다는 생각이 들었어요. 아이가 엄마를 보고 배운다는 말이 맞다면 화를 참는 것만 보고 배운다면 아이가 너무 불쌍할 것 같아요. 화를 내야 하는 일인데도 화를 안 낼 수는 없잖아요. 그래서 저는 무조건 화를 안 내는 것이 아니라, 화가 나면 어떻게 조절하는지 보여 주는 게 더 중요할 것 같아요."

"저는 왜 화가 나는지 모를 때가 있어요. 화를 위한 화를 내는 나 자신이 한 번씩 싫어질 때가 있어요. 그럴 때는 진정하고 화를 내는 이유를 좀 생각해 봐야 할 것 같아요."

엄마들이 참 똑똑하죠? 화를 무조건 안 내는 것이 아니라, 화나는 감정을 조절하는 게 중요하다는 하랑이 엄마의 말에 놀랐습니다. 이 사실을 제 아이가 어렸을 적의 저는 알지 못했거든요. 엄마가 아이에게 화를 내는 것은 무조건 안 되는 줄 알았습니다.

늦은 퇴근을 하던 어느 날이었습니다. 장 봐 온 물건들을 냉장고 안에 정리하려면 저녁 식사 시간이 지체될 것 같아 마음이 바빴습니다. 우선 쌀부터 씻어서 밥솥에 앉힌 후 취사를 눌렀습니다.

"얘들아, 냉장고 안에 계란 좀 넣어서 정리할래?"

워킹맘이었던 저는 집안일을 덜기 위해 아이들에게 도움을 요청했습니다. 아이들로서는 재미난 놀이라 느꼈는지 냉장고 안에 들어갈 계란을 정리합니다. 그 사이 저는 국을 올려 두고 자리를 옮겼습니다. 빨래를 세탁기에서 꺼내어 들고 나오던 중, 둘째 아이가 계란을 깨뜨린 상황과 마주합니다. 빨래를 빨리 널고 밥을 차리는 순서에서 일이 하나 늘어나 버린 상황입니다. 살짝 화가 났지만 야단칠일은 아니다 싶어 깨진 계란을 치우고 하던 일을 마무리했습니다.

국이 끓을 동안 얼른 씻기려고 하는데, 아이들은 장난을 치느라 샤워하러 올 생각을 안 합니다. 자세한 언어는 생각나지 않지만, 얼른 씻으러 오지 않으면 불이익이 있을 것이라는 엄포를 놓았습니다.

샤워까지 마친 후, 밥을 차려서 먹는 순간 또 브레이크가 걸리고 맙니다. 식사를 기다리는 동안 마트에서 사온 과자를 먹더니 밥맛이 없는 모양인지 밥을 먹지 않겠다고 한 것입니다. 식사 전 과자를 먹는 것에 대해 잔소리를 하자, 말이 끝나기가 무섭게 아이가 텔레비전을 보러 가겠다고 합니다. 이제는 텔레비전을 보는 습관도 잘못된 것으로 간주하고 텔레비전 시청 금지 조항도 첨가합니다.

당시의 저는 아이가 계란을 깨뜨려서 일이 늘어난 것에 마음이 불편했을 테고, 애써서 밥을 했는데 아이들이 먹지 않으니 서운한 마음도 들었을 것입니다. 이런 나의 마음은 모른 채 아이들이 잘못한 것으로만 판단했습니다. 한참이 지난 후에야 이런 일이 반복되는 일상이 잘못되었다는 것을 알았습니다. 내가 내 감정의 이름을 정확히 모를 때, 주변 사람들은 제게 이런 표현들을 했습니다.

"너 스트레스 받았구나."

"아이들이 별나서 힘들구나."

"그렇게 열심히 하더니 슬럼프가 왔나 보다."

나의 감정인데 타인에 의해 내 감정이 정의되었습니다. 남들이 그렇다 하니 '내가 슬럼프인가 보다', '아이들이 나를 힘들게 하는가 보다'라고 생각해 버렸습니다. 그 생각의 출발점은 내 감정이 아니라 타인의 눈에 비친 나의 모습이었습니다.

내가 처한 상황은 스스로가 제일 잘 알고 있습니다. 내 감정은 내가 주인입니다. 내가 내 감정에 이름을 붙이고 그 감정을 보듬어 주어야 했습니다. 그때는 감정의 이름표 자체를 몰랐으니 해결 방법도 엉뚱했었지요.

저는 그때 워킹맘으로 참 숨가쁜 일상을 살았습니다. 퇴근을 하고 나면 빨리 밥을 먹고, 빨리 씻고, 빨리 치우고, 빨리 아이들을 재워야 하는 루틴을 쫓아갔습니다. 빨리 처리해야 하는 미션으로 가득 찬 육아였습니다. 그래야 내 시간이 돌아오니까요. 아이들을 재우고 나서야 만끽할 수 있는 나의 시간을 그토록 원했습니다. 그 시간에 드라마를 보며 쉬기도 하고, 방해 없이 일도 하고, 혼술도 할 수 있으니까요. 그때의 나는 쉬고 싶었던 것이었습니다. 육아가 지치고 힘들었기 때문에 감정을 똑바로 마주하지도 못했습니다. 앞선 갈등 상황에서도 아이가 누려야 할 자유의 시간까지 침범하는 것이 아니라, '정성껏 만들었는데 너희가 음식을 안먹으니 서운해. 함께 식사하고 엄마도 쉬는 시간을 좀 가지고 싶어'라고 솔직한 나의 감정을 표현해야 했습니다.

그때로 돌아가서 좀 더 똑똑한 선택을 하는 상상을 해 봅니다.

'아, 오늘은 조금 많이 고단한 것 같아. 애써 국까지 끓이지 말아야겠다. 밀키트로 간단히 먹어야지. 대신 같이 식탁에 앉아 아이들 이야기를 더 신나게 들어 줘야겠어.'

'힘든 날은 쉽게 가야지, 뭐. 오늘은 아이들 잘 때 같이 자야겠다.'

"얘들아, 오늘 엄마가 바쁜 하루였어. 너희들은 어땠어?"

"여보, 나 오늘은 좀 지치니 빨래는 자기가 널 수 있을까?"

나의 감정을 잘 알기만 해도 좋습니다. 스스로를 보듬어 주었다면 아마 좀 더 행복한 육아의 시간을 보낼 수 있었을 텐데 아쉬운 마음이 듭니다. 하지만 여러분은 저와 같은 감정 낭비, 행복 낭비를 하지 않을 수 있습니다. 내 마음이 어떤지, 무엇이 불편한지, 왜 화가 났는지 자세히 들여다 보세요. 나만의 동굴로 들어가 나의 마음에 대해 느끼고 생각해 볼 시간을 가져 보세요. 그리고 엄마로 자라는 과정 속의 수많은 감정을 만나보기 바랍니다. 나의 감정은 일상을 멈추었을 때 만날 수 있습니다.

최근에 화가 났던 경험이 있나요? 어떤 상황인지 써 보세요.

그때 어떤 감정을 느꼈나요? 그 마음을 자세히 써 보세요.

내가 원하는 것은 무엇일까요?

2. 성장 공동체

엄마도 자라는 중

"선생님, 수업 환불해 주세요. 대표 자질이 의심스러워요. 공식 석상에서 할 말이 있고 못할 말이 있지 너무 무례한 거 아닌가요?"

기분 좋게 부모 교육을 마친 후 돌아온 피드백이었습니다. 무언가 잘못되었다는 직감이 온몸에 감돌았습니다. 기억의 테이프를 돌려 보자, 온라인 부모 교육 자리에서 마치 철없는 부모를 훈계하는 듯한 발언을 했던 장면이 포착되었습니다. 영상도 더 편히 볼 수 있게 촬영해 달라는 요청, 대사를 다 써 달라는 요청, 준비물도 미리 챙겨 달라며 불편함을 호소하는 여러 엄마들의 요구가 있었습니다. 그런데 이런 사소한 문제쯤은 응용력을 갖추지 못한 엄마의 잘못으로 표현했던 것입니다. 여러 요청 중에 하온이 엄마의 요청도 포함되어 있었고, 하온이 엄마로서는 자신의 잘못으로 표현하는 데서 불편함을 느꼈을 것입니다.

육아하랴 놀이하랴 하루에도 챙겨야 할 것들이 많은 엄마 입장에서 좀 더 편하게 놀이 수업에 참여할 수 있도록 해 달라는 요구를 수용하지 않는 발언이었습니다. 육아를 하는 엄마들의 불편을 해결해 가야 한다는 정론은 머릿속에 걸쳐 둔 장식품이었나 봅니다. 사려라는 여과 장치를 거치지 않고 말이 나왔다는 것을 감지했을 때는 이미 늦은 상황이었습니다. 마음이 많이 불편하였던 하온이 엄마는 담당 선생님의 진정성 있는 마음이 전달되자 이해의 미덕을 발휘하였습니다.

"선생님, 저 이제 놀이 그만두어야겠어요. 아이가 질려 하는 것 같아요. 저도 너무 힘들고 지쳐서 이제는 못 하겠어요."

지금은 훌륭한 엄마로 거듭났지만, 리우 엄마에게도 위기가 있었습니다. 리우 엄마가 쓴 일기를 살펴볼까요?

낮에는 안아서 재워야 하는 수고로움이 있었지만 밤에는 너무 잘 자 주어서 밤이면 집안일도 하고, 남편과 오붓하게 TV도 보면서 수다도 떨고, 야식도 매일 먹은 덕분에 '확찐자'가 되었다. 아기 때문에 고되고 힘들다고 느껴지지는 않았다.

5개월 때쯤 놀이 하브루타를 알게 되었다. 놀이를 통해 하루하루 달라지는 아기를 볼 때마다 얼마나 기특했는지 모른다. 그러던 내게도 고비가 찾아왔다. 아기의 몸무게가 더 늘지 않는 것이었다. 고민과 함께 스트레스가 점점 쌓여갔다.

그러던 중 6개월에 접어들면서부터는 우리 아기가 달라졌다. 밤에는 잠을 안 자고, 잠들어도 금방 깨서 울고, 낮에도 칭얼대고 보채고…. 놀이를 해도 즐거워하지 않는 것처럼 느껴졌다. 언젠가부터 엄마인 내 마음이 힘들어서 아기를 제대로 관찰하지 않고 잘 보지 못했던 것 같다. 아이의 몸무게가 늘지 않아서 나는 이유식에 더욱 집착했고, 그래서인지 리우는 먹는 것을 자꾸 거부했다. 급기야 식탁 의자가 싫어지고, 그 의자에 앉아서 하는 놀이마저 싫어진 리우였다. 이유식을 먹기 전에는 집중도 잘하고 즐거워하던 아이였는데…. 그렇게 좋아하던 엄마와의 놀이마저 싫어하게 될까 봐 놀이를 자주 하지도 못했다.

그런 내 마음이 보이는 걸까? 인터넷 카페에 매주 놀이 반응을 나누기 위해 아이의 행동이나 관찰 기록 등을 남기는데, 그것을 보고 담당 선생님이 질문을 하셨다.

"리우 어머님, 마음이 힘드신가 봐요. 요즘 어떤 게 가장 힘드세요?"

선생님의 질문에 두서없이 이야기를 했고, 리우의 영상도 보여드렸다. 이야기를 듣던 선생님은 문제를 바로 찾아냈다. 용한 점쟁이에게 찾아가서 점을 보면 이런 기분일까? 선생님이 아이와 내 마음을 다 알고 있는 것 같았다.

"지금은 엄마의 마음이 조금 지친 것 같아요. 엄마의 마음도 충분히 그럴 수 있어요. 우리 리우도 천천히 기다려 주면

돼요. 잘하고 있어요, 어머니.”

선생님의 말을 듣고 지난날 나의 모습이 스쳐갔다. 뭐가 그렇게 마음이 급했는지…. 식탁 의자에 앉으면 금세 짜증을 내고 싫어하던 아이였기에 그러기 전에 얼른 놀이를 해치우려고 했었다. 리우의 마음은 생각도 하지 않고 내 욕심만 채우려고 했던 것이다.

이를 통해 단순히 아기와 유익한 시간을 보낼 수 있도록 하는 놀이 방법뿐 아니라 아기와 소통하는 방법, 엄마의 마음까지도 배울 수 있었다. 아기도 성장을 하지만 부모에게도 성장이 필요하다는 것을 느꼈다. 선생님과 다른 엄마들의 육아 정보를 공유 받고 좋은 이야기들을 함께 나눌 수 있는 것이 다행이라는 생각이 들었다. 정말 그 어떤 육아책이나 블로그보다 큰 위안이 되었다. 리우와 함께했던 시간을 다시 되돌려 보니, 저렇게 좋아하면서 웃고 있는데 좀 더 리우의 마음을 헤아려 주고 기다려 줘야겠다고 생각했다.

저는 지금도 서툴고 실수를 합니다. 엄마로서도 실수하고, 제 역할에서도 실수를 하지요. 사람은 결코 완벽할 수 없습니다. 완벽하려는 기대도 없습니다. 다만 힘든 감정과 지금 나의 마음을 그대로 받아들이는 것이 중요합니다. 잘하는 것보다 내가 지극히 노력하고 정성을 들이는 것 자체가 소중합니다. 엄마가 애를 쓰는 경험 자체가 훌륭합니다.

어떤 이유든 엄마의 마음이 불편할 때는 '중단'해야 합니다. 저 역시 수많은 중단과 재시작을 반복하면서 살아온 것 같습니다. 그런데 어떤 중단은 약이 되기도 하고, 어떤 중단은 후회를 남기기도 합니다. 두 가지 결정 중 하나를 선택한다면 선택하지 않은 나머지는 경험해 보지 않았기 때문에 후회할 수밖에 없습니다.

그러나 우리가 아무리 힘들고 부족해도, 아무리 시행착오를 겪어도, 시간과 마음을 들여 적극적으로 참여하고 온 마음을 다할 때면 신성한 어떤 길로 나아가는 것 같습니다. 이를 성장이라 할 수도 있고, 성숙이라 할 수도 있습니다. 아이를 위해 애를 써 보는 오늘, 나는 충분히 좋은 엄마입니다.

엄마도 그림책

요즘 박경리 작가님의 《토지》를 읽고 있습니다. 그런데 책에서 눈길을 끄는 장면이 있습니다. 바로 동네 우물가가 나오는 장면입니다. 우물가에 모인 여인들은 강청댁과 임이네의 싸움을 뒷담화하기도 하고 남편의 못마땅함을 터놓기도 합니다. 이처럼 당시 여인들은 우물가에서 삶의 고단함을 함께 나누었던 것 같습니다. 시집살이의 고충, 삶의 고뇌를 우물가에서 나누면서 스트레스를 털어내고 서로 에너지원이 되어 주기도 했지요.

육아를 하는 엄마들에게도 각자의 우물가가 있습니다. 다른 엄마들과 소통을 하며 힘도 얻고 육아의 지혜도 쌓으며 살아가는 것이죠. 그런데 전세계를 덮친 코로나로 인해 엄마들은 우물가에 모이는 것이 힘들어졌습니다. 그렇다면 우물가는 완전히 사라진 걸까요? 사람은 '적응의 동물'이기에 비대면 사회에 적합하게 만들어진 우물을 찾아 갔습니다. 바로 온라인 우물가입니다. 우물가가 사라지지 않고 형태만 바뀐 채로 존재하는 이유가 무엇일까요?

밥을 먹고 공기를 마시듯, 육아를 하는 엄마들에게는 '누군가와의 소통'이 꼭 필요한 삶의 방법입니다. 서로 이야기를 나누며 마음을 터놓기도 하고, 에너지를 얻기도 하며 휴식을 가질 수 있기 때문입니다. 육아가 너무 고될 때 엄마들은 마치 24시간 근무를 하는 것 같다고 합니다. 회사에 다니면 퇴근 시간이 있지만 육아에는 퇴근이 없으니 차라리 일하는 게 낫다는 볼멘소리를 내는 것도 이해가 됩니다. 그래서 육퇴('육아 퇴근'의 준말로, 아이가 잠들면 그제야 육아에서 벗어나는 것을 퇴근에 비유하여 이르는 말)라는 신조어가 생겨났나 봅니다. 당신은 육퇴 후 어떤 우물터로 나가나요?

최근 엄마들과 함께했던 온라인 우물터 이야기를 해 보려고 합니다. 다니카와 순타로 작가의 《구덩이》라는 그림책으로 이야기를 나누었습니다. 《구덩이》의 주인공 히로는 할 일이 없어서 구덩이를 파기 시작합니다. 엄마와 아빠, 동생, 친구가 와서 구덩이를 왜 파는지, 무엇을 할 것인지 묻지만 히로는 멈추지 않고 구덩이를 계속 팝니다. 손바닥에 물집이 잡히는 데다가 땀이 나고 힘들어도 구덩이를 팠습니다. 애벌레가 인사를 건네어도 히로는 구덩이 파는 것을 멈추지 않았습니다. 그러다 갑자기 힘이 쭉 빠져 구덩이 파는 것을 멈추고 구덩이 안에 앉았습니다. 자신이 판 구덩이를 만져 보기도 하고, 냄새도 맡아 보고, 나비가 날아가는 파란 하늘도 올려다 봅니다. 엄마와 아빠, 동생, 친구가 와서 다시 말을 걸지만 히로는 구덩이 안에 계속 앉아 있을 뿐입니다. 그리고 자신이 파 놓은 깊고 어두운 구덩이를 나와서는 '이건 내 구덩이야' 하고 생각한 후 구덩이에 흙을 넣고 다시 메우기 시작하는 내용의 그림책입니다.

히로가 판 구덩이에 대해 우물가 아낙네가 되어 수다를 나누어 보았습니다. 같은 그림책을 읽어도 구덩이에 대해 느끼는 생각들은 모두 달랐습니다. 예랑이 엄마는 구덩이가 지금 자신이 처한 육아의 시련처럼 느껴졌다고 합니다. '이 힘든 육아를 언제 그만두고 저렇게 파란 하늘을 보는 여유가 생길까?'라는 생각이 들었던 것이지요. 예랑이 엄마는 아이가 이유없이 울어 대거나 잠투정을 할 때 육아가 너무 힘들다고 털어놓았습니다. 아이가 나를 힘들게 한다는 생각이 들었고, 잘못이 없는 아이를 탓하는 못난 엄마가 된 것 같아 마음이 힘들었다고 합니다.

그런데 서우 엄마가 구덩이를 보며 느낀 감정은 힘듦이 아닌 '그리움'이었습니다. 아이가 주는 행복도 크지만, 나만의 공간에서 하늘을 올려다 보며 쉬었던 때가 그립다고 합니다. '언제 다시 구덩이에 들어갈 수 있을까?'라는 생각에 서우 엄마는 눈물을 흘렸습니다. 모니터 속 여러 명의 엄마도 눈물을 닦아 내고 있었습니다.

영후 엄마는 구덩이 안에 있는 히로가 안락해 보인다고 이야기했습니다. 심심해서 팠다고는 하지만, 사실 자신만의 공간이 필요해서 그런 건 아닐까 하는 생각이 들었지요. 그리고 '히로는 구덩이 안에서 평안을 얻었을까?'라는 궁금증이 생겼다고 합니다. 다시 흙을 덮어 구덩이를 메꾸는 이유와 히로가 어떤 다짐을 하고 어떤 결론을 내었는지도 궁금해졌다고 합니다. 동시에 '나에게도 히로처럼 구덩이가 있으면 좋겠다'라는 생각을 해 봅니다. 워킹맘인 영후 엄마는 회사에서 스트레스를 받을 때 히로의 구덩이와 같은 공간이 필요하다고 말했습니다.

찬양이 엄마는 구덩이를 묵묵하게 파는 모습이 인상적이었다고 했습니다. 하늘을 올려다 볼 여유도 없이 땀을 흘리면서 묵묵히 혼자 구덩이를 파는 모습이 마치 열심히 그리고 묵묵하게 육아를 하고 있는 자신 같았기 때문입니다. 또한 찬양이 엄마는 주변을 둘러보면 자신보다 더 힘들어 보이는 엄마들도 많다고 합니다. 아이가 셋이거나, 아이가 말을 듣지 않아 힘들어하는 등 힘든 상황에 놓인 엄마들이지요. 하지만 그들이 육아를 해 나가고 있는 모습 또한 지혜롭고 묵묵하게 구덩이를 파는 것처럼 느껴졌다고 합니다.

어린 아기를 기르는 엄마들의 고충을 듣고 있는 것이 마음이 쓰였는지, 4살 해랑이의 엄마가 목소리를 냈습니다. 해랑이 엄마도 아이가 어렸을 때는 힘들었는데 어느 정도 크고 나니 향긋한 흙냄새를 맡거나 파란 하늘을 올려다 볼 여유가 생겼다고 합니다. 그러니 자신만의 구덩이를 만들 때까지 조금만 더 힘내자고 용기를 불어넣어 주었습니다. 돌도 되지 않은 어린 아기를 기르는 엄마들은 해랑이 엄마의 말에 위로와 희망을 느꼈겠지요. 해랑이 엄마는 근래에 서재를 꾸몄는데, '이것이 나의 구덩이구나'라는 생각이 들었다고 했습니다. 잠깐 휴식하고 책을 읽는 공간이면 충분하다고, 구덩이가 그리 대단한 것이 아니라는 말을 전했지요. 아기가 어려서 엄두도 못 내고 있다는 은아 엄마는 부러운 마음을 나타냈습니다. 그런데 구덩이가 꼭 물리적인 공간만을 의미하는 것일까요?

서린이 엄마는 남편이 구덩이였다는 것을 느꼈다고 합니다. 늦은 퇴근을 하고 이런저런 이야기를 할 수 있었고, 내 마음을 알아주고 대화를 하다 보니 힘든 육아도 힐링이 된다고 했습니다.

이처럼 육아를 하는 엄마들끼리 모여 수다를 나누면 하나의 주제로도 각자 느끼는 마음이 다양하다는 것을 알 수 있습니다. 우리들의 우물이 필요한 이유입니다. 그림책을 보면서 목이 메고 눈물이 나오는 이유가 무엇일까요? 다른 사람들의 진솔한 이야기를 듣는데 왜 이렇게 감동일까요? 그건 바로 '내 이야기'이기 때문입니다. '저 사람도 나처럼 힘들구나', '저렇게 육아를 했구나'라는 생각이 들며 공감과 위로가 느껴집니다.

한 달에 한 번은 이런 자리를 마련합니다. 일상의 숨구멍이 되어 주는 엄마들의 공간이 있어야 합니다. 우리들은 우물터에서 한바탕 이야기를 쏟아내고 다시 각자의 집으로 돌아가지요. 집에 돌아와 보니 곤히 자고 있는 아이의 얼굴이 오늘따라 더 예쁩니다. 꼬옥 한 번 안아 보고 잠이 듭니다. 엄마라고 해서 매일 사랑이 샘솟는 것은 아닙니다. 엄마도 내 아이를 사랑하고 나를 사랑할 수 있는 비타민 충전 시간이 필요합니다. 가득 충전한 뒤, 다시 아이와 사랑하는 일상을 나누려고 합니다.

나는 무엇을 할 때 가장 행복한가?

내가 진짜 원하는 게 무엇일까?

내가 하고 싶은 것을 할 수 있는 작은 실천 하나가 있다면?

나누는 삶

"아이들이 즐겁게 읽을 학습 만화가 좋을 것 같아요."

"늘 먹을 수 있는 음식이 아닌 좀 특별한 간식으로 해요."

"아이들이 대접받는 기분이 들었으면 좋겠어요."

"이왕이면 예뻤으면 좋겠어요."

학습 만화책 한 질과 개별 포장한 예쁜 간식 40여 개를 준비했습니다. 지역 아동센터의 아이들을 위한 선물입니다. 이름을 드러내지 않고도 도움이 필요한 곳에 꾸준히 기부하는 단체와 개인은 많습니다. 그에 비하면 금액으로나 횟수로나 약소하지만, 이 기부에는 조금 특별한 의미가 있습니다.

이 기부는 제가 개인적으로 하는 기부가 아니라 엄마들이 공부하며 나누는 기부입니다. 매달 실시하는 부모 교육에 참석하는 어머님들께서 소정의 금액을 교육비로 납부하면 교육에 필요한 최소한의 경비를 제외하고 기부에 사용되는 것이지요. 부모 교육 횟수가 늘어나고 함께 나누는 가치들에 대해 생각이 바뀌면서, 엄마들도 기부에 더 적극적인 모습을 보였습니다.

"이번 달은 참석이 어렵지만 입금했어요. 좋은 곳에 써 주세요."

"내가 좀 더 좋은 엄마가 되고 싶어서 받은 교육인데, 기부까지 하게 되니 더 공부를 열심히 해야 할 것 같아요."

"공부하는 엄마들이 많아지면 아이들에게 더 희망을 줄 수 있을 것 같아요."

드러내는 기부가 겸연쩍기도 합니다. 하지만 부모 교육이 개인과 사회에 큰 영향을 주기 때문에 나눔을 강조하며 실천하고 있습니다.

우리 사회는 아직도 어린이 학대 및 방치로 인한 끔찍한 일들이 멈추지 않고 일어나고 있습니다. 묻지마 범죄 등 경악스러운 뉴스들이 사라지지 않지요. 이런 끔찍한 사건들을 보며 자라는 아이들이 안타깝고, 우리 아이들이 피해자가 되지 않기를 바라는 게 부모의 마음입니다. 그래서 우리 어른들이 더욱 노력했으면 합니다.

사회 운동을 하거나 대단한 일을 하자는 것이 아닙니다. 지금 내 아이를 좀 더 보듬어 마음이 따뜻한 아이로 길러 내는 것이 곧 사회에 선한 영향을 주는 일입니다. 내 아이를 잘 키우다 보면 내 아이의 영향을 받는 친구들 또한 좋은 사람으로 성장해 갈 것입니다. 이처럼 내 아이와 아이의 친구들이 잘 자라도록 도와주는 것이 우리 아이들을 위한 일입니다.

사회에 부정적인 영향을 끼친 사람들도 어릴 때 자신의 부모로부터, 이웃으로부터 따뜻한 손길과 보살핌을 받았다면 어땠을까요? 남을 해치는 사람이 되고 싶어 했을까요? 우리가 하고 있는 이 육아가 결국은 사회에 공헌하는 일입니다. 그러니 지금 하고 있는 육아의 가치는 참 소중합니다. 좋은 부모로 성장하는 것이 필요하지요. 앞서 여러 번 이야기했지만, 저도 참 부족한 엄마이고 나누는 것도 서툽니다. 저도 처음에는 '내가 좀 더 가지고 난 다음에 베풀어야지'라고 생각하던 시절이 있었습니다. 나눔은 대단한 사람들만 하는 것이라 생각했습니다. 나눔의 가치를 몰랐습니다. 그런데 이제는 저도 가치 있는 사람이 되고 싶습니다. 혼자서는 어려웠지만 함께할수록 가치가 커진다는 것을 경험했지요. 처음에는 직업으로 시작한 일이 지금은 가치 있는 일이 되어서 참 감사합니다. 내 일이 감사하고, 함께 일하는 선생님들과 가치를 더할 수 있어서 더욱 감사합니다. 또, 우리와 함께 소통하는 엄마들이 많아질수록 감사의 크기는 더욱 커집니다.

함께하는 엄마들이 아이를 정성스럽게 잘 기르고, 가진 것을 더욱 많이 나눌 때 아이들의 미래도 좋은 방향으로 가꾸어집니다. 중학생인 둘째가 어느 날 직업에 대해 말을 했습니다.

"엄마, 나는 화이트 해커가 되고 싶어."

"우와, 멋지다. 왜 화이트 해커가 되고 싶어?"

"다른 사람들 정보를 팔아서 속이고 피해 주는 사람이 없게 할 거야. 그리고 좀 멋지잖아?"

일시적인 마음일 수도 있고 아직 구체적인 로드맵도 없지만, 아이의 머릿속에는 소중한 기준 하나가 있는 것 같습니다. 바로 다른 사람을 돕고 싶어 하는 마음입니다. 남을 돕고자 하는 마음들이 있다면, 그 기준으로 세상을 살아간다면 우리 아이들의 세상은 얼마나 행복할까요? 우리 아이들이 만들어 갈 미래가 좀 더 아름다워지는 상상으로 오늘도 행복해집니다.

잘 노는 엄마
소윤 엄마

"어떻게 그렇게 소윤이랑 잘 놀아 줘?"

"코로나 때문에 밖에 잘 나가지도 못하고 집에서 뭐 하면서 놀아?"

요즘 가장 많이 듣는 질문들이다. 노는 게 재미있어야 하는데 생각보다 아이와 노는 것을 힘들어 하는 엄마들이 많다. 물론 나도 처음부터 잘 놀아 주는 엄마는 아니었다. 세상의 모든 엄마들이 다짐하듯이 나 또한 아기가 태어나기 전에는 이렇게 다짐했다.

'사랑으로 키워야지.'

'초음파 사진만 봐도 이렇게 예쁜데… 힘든 일은 없을 거야.'

'똑똑한 아이로 키울 거야.'

'내가 헌신하는 만큼 잘 키울 수 있겠지?'

그런데 실제로 육아를 시작하면서 이게 얼마나 어리석은 생각이었는지 깨달았다. 내 마음대로 할 수 있는 건 하나도 없었다. 아기는 밤만 되면 울었고, 한숨 돌리러 나간 밖에서도 계속 보채는 바람에 아무것도 할 수가 없었다. 그때부터 '왜?'에 매달렸다.

우리 아이는 왜 맨날 우는 건지, 왜 잠들지 않는 건지, 무슨 문제가 있는 건지, 왜 나는 다른 엄마들처럼 순한 아기를 낳지 못한 건지, 왜 나는 사랑하는 아기를 울리기만 하는 건지…. 매일 전전긍긍하는 마음으로 육아서를 읽고 인터넷에 검색하며 하루하루를 보냈다. 나는 지칠 대로 지쳐가고 있었다. 이 상황을 해결해 보고자 엄청난 양의 정보를 찾았고, 너무 많은 정보에 지쳐갈 때쯤 아기와 함께하는 놀이 하브루타를 접하게 되었다.

수업에 가기 전, 처음 만난 선생님이 소윤이를 까다로운 아이로 받아들이면 어떡하나 하는 걱정을 했다. "아기가 많이 우네", "손을 탔나", "낯을 왜 이렇게 가리지?"라는 말은 어딘가에 가면 항상 듣는 말이었기 때문이다. 그런데 생각지도 못한 말을 들었다.

"우와, 감각이 예민하군요. 낯도 많이 가리지요? 세상을 민감하게 받아들이는 아이네요. 이런 민감성이 우리 소윤이가 세상을 배우는 데 좋은 자질로 쓰일 거예요."

여태껏 들은 말과 너무 다른 반응에 정말 눈물이 왈칵 날 뻔했다. 부끄럽지만 내 스스로도 우리 아이는 키우기 참 힘든 아기라고 생각하고 있었다. 하지만 소윤이는 환경의 변화를 민감하게 알아차리기 때문에 낯을 가리고 울었던 것이다. 그 순간 정말 망치로 머리를 맞은 것 같았다.

그동안 소윤이의 행동들이 정리가 되기 시작했다. 입는 것, 먹는 것은 신경 쓰면서도 정작 아이의 기질이나 아이 입장에서 받아들이는 환경에 대해서는 생각도 못했다. 아이에게 좋을 거라 생각해서 자주 틀어 주던 음악 소리도 소윤이에게는 거슬릴 수 있었고, 평소와 다르게 비가 내리는 날씨도 다 느끼고 있었겠구나 하는 생각이 들었다.

이후로 소윤이에게 적절한 환경을 만들어 주려고 노력했다. 아기가 울음을 그치지 않으면 왜 이렇게 우냐고 아이를 원망했던 과거와 달리, 환경을 점검하고 아이를 잘 관찰하는 버릇이 생겼다. 거짓말처럼 육아가 편해지고 있었다. 그리고 아이와 놀이로 소통을 하면서 어릴 때 놀아 주는 것이 얼마나 중요한지 깨달았다. 소윤이와 놀아 주다 보니 말을 못하는 아이의 감정과 생각들도 느낄 수 있었다. 정서적으로 안정감도 느껴지고 자연스럽게 애착도 형성된 것이다.

놀이 하브루타는 아이뿐만 아니라 엄마에게도 좋은 영향을 준다. 아이와 함께 놀이를 하며 엄마도 성장의 과정을 거칠 수 있기 때문이다. 물론 어떤 날은 힘들기도 할 것이다. 하지만 '이 또한 지나가겠지'라는 생각으로 기다려 준다면, 성장통을 겪는 아이를 이해할 수 있고 스스로의 마음도 가다듬을 수 있다. 부모가 되기 위해서 자격이 필요한 것은 아니지만, 좋은 부모가 되기 위해서는 배움이 필요하다. 아이와 잘 노는 엄마로 성장하는 이 순간이 즐겁게 느껴진다.

참고 자료

도서
《부모라면 유대인처럼 하브루타로 교육하라》, 전성수, 위즈덤하우스
《어린 왕자》, 생텍쥐페리, 김화영 옮김, 문학동네
《질문하는 공부법 하브루타》, 전성수·양동일, 라이온북스
《태아성장보고서》, KBS 첨단보고 뇌과학 제작팀, 마더북스
《특수교육학 용어사전》, 국립특수교육원, 하우
《하루 15분 그림책 읽어주기의 기적》, 김영훈, 베가북스

논문
《유아의 놀이와 언어능력, 일상적 스트레스 간의 관계》, 김초롱, 2017
(중앙대학교 대학원 유아교육학과 유아교육학전공 학위논문사항)

방송
KBS 다큐멘터리 〈첨단보고 뇌과학〉

하브루타 아기놀이

1판 1쇄 인쇄 2021년 12월 5일
1판 1쇄 발행 2021년 12월 10일

지은이 오희은
펴낸이 이윤규

펴낸곳 유아이북스
출판등록 2012년 4월 2일
주소 (우) 04317 서울시 용산구 효창원로 64길 6
전화 (02) 704-2521
팩스 (02) 715-3536
이메일 uibooks@uibooks.co.kr

ISBN 979-11-6322-066-4 03370
값 16,800원